U0695166

名师名校名校长

凝聚名师共识
回应名师关怀
打造名师品牌
培育名师群体

程明远题

让班级管理走向
"自管自育"

"双减"下现代班级管理的
理论与实践研究

胡晓青 ◎ 著

中国出版集团　现代出版社

图书在版编目（CIP）数据

让班级管理走向"自管自育"："双减"下现代班
级管理的理论与实践研究 / 胡晓青著. — 北京：现代
出版社，2022.3
ISBN 978-7-5143-9771-0

Ⅰ.①让… Ⅱ.①胡… Ⅲ.①班级—学校管理 Ⅳ.
①G424.21

中国版本图书馆CIP数据核字（2022）第041832号

让班级管理走向"自管自育"："双减"下现代班级管理的理论与实践研究

作　　者	胡晓青
责任编辑	张　璐
出版发行	现代出版社
地　　址	北京市安定门外安华里504号
邮政编码	100011
电　　话	010-64267325　64245264
网　　址	www.1980xd.com
印　　制	北京政采印刷服务有限公司
开　　本	710mm×1000mm　1/16
印　　张	11.5
字　　数	184千字
版　　次	2022年3月第1版　　2022年3月第1次印刷
书　　号	ISBN 978-7-5143-9771-0
定　　价	58.00元

版权所有，翻印必究；未经许可，不得转载

目 录
CONTENTS

第一章

现代班级管理概述

第一节　现代班级管理的主要特征

培养什么样的人，是教育的首要问题。

"培养德智体美劳全面发展的社会主义建设者和接班人"，在全国教育大会上，习近平总书记站在党和国家事业发展全局的战略高度，指明了教育工作的根本任务、教育现代化的方向目标。班主任作为学校最大的一支德育队伍，有效的班级管理是实现这一教育目标的保证。

班级是学校组织教学、开展活动、管理学生的基本组织单位，是学生日常思想政治教育的主要平台，也是充分实现学生"三自"教育（自我教育、自我管理、自我服务）的载体。

现代班级是由班级制度、班级结构和班级成员组成的共同体。班级成员具有共同的目标和期望，共同遵守的规则和惯例，以及共同的信念和价值观。这些都是他们合作共处的基础，也是他们合作的结果。现代班级管理是在班主任领导下，充分发挥学生的主观能动性，通过对学校及班级资源进行计划、组织、调控，完成特定的教育教学任务，从而达成教育教学目标的活动。现代班级管理的目标和任务立足于为学生的生命奠基，其区别于传统班级管理最重要的特点是要突出以学生为本，充分发挥学生的管理主体作用。

为形成这样一种班级文化，要实施法、情、理相结合的管理模式，即班级管理工作不但要遵守相关规则来制约成员的行为，而且要关注成员的身心发展状况，既要晓之以理，又要动之以情，才能导之以行。法的管理强调班级管理的原则性，体现了管理的科学性；情的管理秉承"以人为本"的理念；理的管理则强调管理班级的艺术性，强调原则性和灵活性相结合，进而实现科学性和人性化的管理。

一、班级管理的科学性——法的管理

一个班级由家庭背景不同、性格迥异的学生组成，要想把班级建设成一个有利于学生成长和发展的集体，班主任要重视班级管理制度的建立和执行，从而体现班级管理的科学性。

2021年3月1日《中小学教育惩戒规则（试行）》（以下简称《规则》）正式施行，标志着教育惩戒会有"法"可依。《规则》第一次以部门规章的形式对教育惩戒做出规定，系统规定了教育惩戒的属性、适用范围以及实施的规则、程序、措施、要求等，旨在把教育惩戒纳入法治轨道，更好地推动学校全面贯彻落实党的教育方针和立德树人根本任务。《规则》在体现教育惩戒应有尺度、应有温度的同时，也体现了教育应纳入"法的管理"的要求。

法的管理指班级管理要用规章制度来约束和规范个体与组织的行为，使班级管理有章可循、有据可依。如果说"情的管理"是突出强调个体的独特性和差异性，那么"法的管理"则是要防止这种个性化对他人、班级组织造成伤害。法的管理是班级管理科学性的体现，强调管理不能因人而异、因事而变，而应遵循管理自身所具有的规范化特征。

班级的规章制度是一个系统工程，它涉及班级管理中的方方面面。从内容来看，班级管理的规章制度主要有四个类别。第一，职责类制度，它是班级各类管理人员的岗位制度，也是班级管理中最基本的制度。第二，常规类制度，它是班级管理中最常见的制度，一般是根据班级师生在班内外活动而制定的日常行为规范和学习、工作、生活准则，如请假制度、课堂规则、作业规则、班级内部小组合作管理制度等。第三，考核类制度，如德育综合评价制度、学生个人量化评定制度等。第四，奖惩类制度，如优秀学生评选标准、违纪学生处理办法等。

通过规章制度来管理班级，就是要建立健全制度，实施制度管理，保证班级组织能高效运作。制定班级规章制度，一方面要依据国家的教育方针政策和教育法律法规的要求；另一方面还要依据学校管理的具体规定和班级的实际情况。

这种班级"法的管理"文化就是班级制度文化，是在制定班规和实施管理过程中形成的文化形态。在党的十九大引领的依法治国新时代，班主任更应强化这种依法治班的法治意识，并注重班级的法治文化体系的构建。

二、班级管理的人性化——情的管理

"情的管理"就是班级管理要基于"人性化"来设计和实施，强调突出人性的特点和情感特征来管理学生。情的管理不是为了压制人的需要、制约人的发展，而是为了尊重人的个性和情感，满足人的发展需要，体现了"以人为本"的理念，体现了"以学生为本"的教育思想。

（一）最大限度地发挥学生潜能

"人性本善"和"人性本恶"是两大人性假设。组织行为理论主张以"情"作为管理基础，主张在"人性本善"的前提下进行管理。对于班级管理而言，学生的成长和发展充满着各种各样的可能，学生的发展具有不确定性，所以班级管理要以"人性本善"为前提，即学生都是善良的人，学生都是追求上进的人，在条件允许的情况下，学生都应得到鼓励、得到发展，都能被培养成社会的有用之人。

情的管理重视学生心理需求的满足，倡导班级管理要符合学生个体和群体的发展，使学生产生一种心理满足感、成就感。

（二）鼓励学生追求自我实现

马斯洛需求层次理论把人们的需求归结为五类：生理需求、安全需求、情感与归属的需求、尊重的需求和自我实现的需求。根据这一理论，可以得到这样的启示：班级管理要充分尊重学生的个性需求，尽可能满足学生不同层次的需求。

在班级管理过程中，班主任要满足学生的基本需求，如教室环境应该通风透气，干净舒适；班主任应该给学生提供基本的安全感，使学生不受到威胁和欺凌；班主任要努力建设好学上进、团结合作的班级氛围，满足学生情感与归属的需求。物质财富不难拥有，精神财富才是难以获得的。班主任还应尽可能满足学生发展的需求，有意识地鼓励学生融入集体，参与集体活动，促使学生从个人基本需求的满足转向追求精神生活的满足。

（三）调动学生积极性与主动性

班主任要善于激励学生，及时鼓励可以使学生保持较为持久的动力；要帮助学生保持好兴趣，兴趣是人生的"方向盘"，是爱学、会学的基础，是终身学习必不可少的重要素质。因此，班主任要做好"合于情"的管理，工作中要做到：要有仁爱之心，对学生做到一视同仁；尽可能采用温和的疏导、沟通等方式教育学生，晓之以理，动之以情；管理要适度，师生距离远近适度，管理权限管放适度，管理手段刚柔适度，问题处理缓急适度，关爱学生冷热适度，气氛控制动静适度。

三、班级管理的艺术性——理的管理

班主任作为班级管理的主导因素，不仅要关注学生作为生物学意义上的人，也要关注学生作为社会意义上的人；不仅要关注学生的"身"，也要关注学生的"心"；不仅要关注班集体的发展，也要关注学生个人的成长。这就是理的管理，是班级管理艺术性的体现。

（一）理的管理

理的管理就是彰显人的理性，发展人的理性，体现人的理性。

1. 班级"理的管理"

班级"理的管理"是指在班级管理中要重视人的理性能力，发展人的理性。

"合于理"的管理就是合于事理，合乎情理。"合于理"的班级管理，一方面要通过管理来发展人的理性能力；另一方面则要借助人的理性能力来共建和谐班集体。

理是常识，是人们公认的生活准则和价值观念，是人们普遍认可的道理，是人们达成的共识。如对于大多数中国人而言，中国传统观念中的忠孝义勇、礼义廉耻就是理，它是处理人与人之间关系的伦理道德规范。因此，班级管理要尊重人们的道德规范和价值观念。如公正、平等、诚信是人们普遍认可的价值观，坚持这些价值观就是坚持常识、坚持公理，也就是尊重人们的共识。"合于理"的班级管理，就是要尊重常识，坚持社会主义核心价值观，这是班级管理的基础。

理是合理，是合乎道理，合于事理。在现实生活中，不同的事物遵循不同的道理，一事一理，人们常称为事理。同一事理是有其内在的逻辑性的，在同一事理中，理是可以推理的。在中国人的传统观念中，与父母相处时应该遵循孝道；在处理与上级关系时，应坚持忠诚原则；在与朋友交往中要讲究义气，这正是不同的事有不同的理。而在班级管理中，班主任如何安排学生座位也讲究"理"——面对全班几十个学生，个体差异很大，每个人有不同的需求和想法，有不同的身高和体形，班主任必须寻求一种平衡以达成基本的共识。

第一，教师应该让学生明白一个道理，学生的个体差异是无法选择和改变的，在座位安排上主要应该考虑学生的身高、视力和听力等因素。班主任应坚持的一个基本原则是个子不高的学生尽可能坐在前排，个子高的学生尽可能往后排坐。坚持这样的原则就是坚持常识，它不仅符合人的天性，也容易被学生接受，因为是合理的。如果一个班级的座位安排由班主任的喜好来决定，学生一定会怨声载道，认为班主任不公平。

第二，在坚持以学生身高为依据来安排座位的同时，教师应重点考虑学生的视力、听力等因素，对有特殊需要的学生给予合理的照顾。一种较为合情合理的安排就是，视力不好但身材高大的学生可以坐前排两边的位置，尽可能减少因身高对他人造成的影响。同时，教师要定期轮换位置，达成共识，使定期调整座位成为班级的常态化管理模式。

可见，在班级管理中，就连座位的安排也并非小事，教师要充分考虑学生的不同需求，学生的各种因素，合理科学地安排，使学生心服口服。这就需要"合于理"的管理：班级成员之间和师生之间认识要到位，理解要一致，方向要趋同，行为要协调。

2. 班级"理的管理"原则

合理的班级管理应遵循以下三个原则。

（1）小道理服从大道理，大道理管理小道理。个人利益对于班集体的利益而言，是小道理，当个人与集体的利益有矛盾时，小道理应服从大道理。这里的大道理和小道理都是相对而言的，如与学生个体的生命健康相比，集体利益也会变成小道理。在运动会比赛中，学生受伤了，应该让其停止比赛，而不应该为了班级荣誉使学生身体受到更大的伤害。

（2）不同群体存在不同的理，应求大同存小异。例如，在班级中，男生和女生往往会由于立场的不同、思维方式的不同而产生一些分歧，甚至是争执，这时班主任就要坚持求同存异的原则。又如，普通学生和班级干部由于身份的不同也容易产生不同的立场，在处理相互之间的矛盾和冲突时也应尽可能求同存异。

（3）理是主观的、动态的，随环境和内部条件的变化而变化。不同时期、不同环境会有不同的理。班规在管理班级时应及时调整，形成一种动态的平衡。尤其是班主任不能拘泥于过去的经验来管理班级，时代在变，学生思想观念在变，不可能有一直适用的管理经验。理的管理的艺术性正是体现在"与时俱进、因时而变、因人而异"上。

（二）"理的管理"方法论

中庸之道是儒家的一种主张，它是指待人接物时采取不偏不倚的态度，既不走极端，也不过分依赖某一方；既不过分现实，也不过于理想；既不过于乖张，也不愤世嫉俗。因此，中是天下正道；庸是某种不变的、客观存在的法则。

班级管理要坚持中庸之道的原则，它是理的管理的方法论。对于班主任而言，班级管理要坚持公正原则，不偏听偏信。班主任在处理班级具体事务时，尤其是处理人与人之间的关系时要坚持中庸之道，不走极端，不偏不倚。同时，班主任的为人要像孔子一样，给人一种"温而厉""威而不猛"的感觉。"温而厉"是指在处理具体问题时，既表现出教师温和、人性的一面，又体现出教师应有的威信和尊严。"威而不猛"是指在班级管理过程中，教师必须表现出教师应有的威严和庄重，但同时也不会过分地使用教师的权威，当教师需要表达自己的威严时，应该不让学生感到凶猛而不可亲。这就是中庸之道在班级管理中的具体体现。

四、班级管理中法、情、理的联系

班级管理的法、情、理是相互结合、缺一不可的，三者联系如下。

（一）理的基础在于情

理是道理，是人们的认识，它与人的先天和后天因素有关。先天因素主要表现为人的秉性天赋的不同，如能力各异、思维方式不同等；后天因素主要与人的成长环境、个人经历等有关。一个人的知识结构、受教育水平不同，对理的认识和理解也就不同，这是人之常情。

（二）法的基础在于理

人们在生活中，为了个人利益和群体利益而达成共识，这些共识成为人们必须遵循的规则，如此也就有了"法"。因此，从本质上来看，法是理，是人们的共识，是人们利益的趋同。法一旦确定下来，就有它的严肃性和强制性，必须严格执行。但是，随着时间的推移，条件的变化，法规有可能不适用了，它的修订也必须以理为基础。

（三）情需要法和理的支持

情是感情、态度，是个体的欲望、个性的张扬。如果没有法的限制和保护，不同的人之间必然会发生冲突，甚至是争斗；如果没有理的支持，个体的情也难以被他人接受和理解。因此，情既需要法，也需要理，只有坚持法、情、理相结合，才是班级管理之道。

所以，从素质教育的角度来看，班级管理坚持法、情、理相结合的管理模式，是与知、情、意、行相统一的。所谓知、情、意、行合一的班级管理模式，是指班主任在管理中要坚持从学生的认知、情感、意志、行为方面入手，促使学生在知、情、意、行等方面协调发展。

案例：苗圃里的守望者

（本案例荣获2021年广东省中小学班主任基本功展示交流活动"育人故事"一等奖，广州市海珠区逸景第一小学熊凤代表广东省参加2021年全国中小学班主任基本功展示交流活动）

孩子值日　家长代劳

这一方小小的苗圃，不仅种下了一颗颗希望的种子，也让我的教育梦想在一季季的花开中，结出一串串美丽的果实。

新学年，我发现，教室地面不时散落着书本、文具，卫生角里常常横七竖八地躺着劳动工具。那天下午，全校大扫除，我走进教室，看到惊人的一幕：几个原本当值的孩子坐在空调下，有的在看课外书，有的跷起了二郎腿在聊天，几位家长却拿着抹布正擦窗呢！我惊讶地走上前。见班主任到了，家长们立马围上来向我解释，自己是来帮忙的，孩子们不会擦窗，擦不干净又浪费时间，精力还是应该放在学习上，多看几本课外书也好。

孩子值日，家长代劳。我哭笑不得，又疑惑不解：当前的劳动教育到底"教育"了谁？

小小农夫　快乐劳作

大扫除结束了，送走了家长和孩子，看着空荡荡的教室，我心里反复思考：家长对劳动的意义、价值理解不够深刻，忽视了劳动的过程也是孩子成长的一部分，到底该如何联动家校，帮助孩子们树立正确的劳动价值观呢？

突然，我想起上次在外校听课，一位教师分享班级建设经验时，就提到了他们班的小菜园。我们能不能也开辟一块小天地呢？

于是，我撰写了翔实的《隆平班小苗圃开垦方案》，向学校提出申请。同时，召开家委会，和家长们就孩子的劳动教育问题做积极的沟通。

不久，学校正式通过了我们班的申请。这个消息在家长群一公布，也得到了家长们的热烈响应，咱班的"小苗圃"正式开张了。

第一天下地干活，孩子们都感到很新鲜。松土、播种、浇水……孩子们体验到劳动带来的快乐，苗圃里飘荡着欢乐的笑声。

看来，我的体验式劳动教育要在校园"生根发芽"了！

巧设苗圃　频现"替身"

孩子们每天分组看护苗圃，盼着种子快快发芽，小苗快快长大。我还找来了懂行的家长，给我们的小苗圃装上了智能化的喷淋系统，让智能与手工劳作有机结合，小小苗圃变身为"智能苗圃"。

可是，菜苗成长的过程是很漫长的，除了浇水外，还要松土、施肥、除虫等。新鲜劲过去之后，叫苦叫累的喊声多起来了。

有的小组刚松了土，离开时竟然把锄头随意扔在地里；有的同学觉得泥土脏，戴了两副手套，还把裤脚卷得高高，踮着脚尖拔草。负责施肥的同学一手捏着鼻子，一手用长长的勺子从沤肥桶里舀出肥水，朝田里一泼，人一溜烟跑没影儿了。

小苗圃里除了偶尔有少数几个孩子去光顾，又渐渐成了爸爸妈妈的用武之地。

我心里是又着急又无奈。怎么办？

一天，雨后初晴，油菜开花的消息一下子将全班都吸引到了苗圃里。

绿色的枝叶间掩映着星星点点黄色的小花。孩子们七嘴八舌地讨论着，眼里也闪烁着光芒。

我将小农夫们在苗圃里劳作和油菜花开的照片发到家长群，群里一下热闹起来，大家纷纷建言献策，探讨如何把咱班的苗圃建设得更好。

于是，我趁热打铁，在班级开展了项目式学习——"周游"活动，家长利用周末时间带孩子走进广州海珠湖湿地，参加水稻种植、收割等活动，通过身体力行的劳动，体会丰收的乐趣。

为了解决农作物生长过程中遇到的各种问题，孩子们分组探究，我们还邀请了华南农业大学的梁教授作为校外辅导专家来校指导，给孩子们讲授种植经验，提升劳动技能。

都市农夫的体验，成了滋养劳动精神的最强肥料，满满的成就感更是良好劳动品质的催化剂。

渐渐地，爸爸妈妈退出了苗圃，这里终于成为都市小农夫体验劳动乐趣的主场。孩子们还主动给苗圃做了美化。

同时，将劳动体验与科创实践相结合，"变废为肥"，将厨余垃圾变成环保酵素，果蔬栽培更方便了。

这小小的一方土地，装点了校园环境，也美化了孩子们的校园生活。

守望苗圃　守望希望

终于，小苗圃迎来了大收获！

番茄、七彩椒、茄子……装在箱子里和袋子里，沉甸甸的。"咔嚓"，手机镜头记录下了孩子们和果蔬合影的这张"全家福"。

看着眼前丰收的成果，我和班委商量如何让它们发挥大用处。最后，大家一致决定，让果实走上家庭餐桌，走进社区。

看着一张张笑脸，我知道孩子们已经体会到，劳动不仅可以给自己带来快乐，还可以为他人谋益，为社会造福，他们的干劲也更足了！

如今，我们班的小苗圃早已郁郁葱葱，与小番茄、小青椒成长起来的，还有孩子们对劳动的热爱。

我以"守望苗圃，守望希望"为题，召开了一次主题班会。我们一起分享了苗圃带来的收获与思考——孩子们动手实践、出力流汗，接受锻炼、磨炼意志。家长们也深深地感受到劳动独特的育人价值。

正心立德，劳动树人。都市小农夫，就是祖国未来建设者的缩影。要培养孩子的劳动观念和能力，每个家庭都应树立崇尚劳动的良好家风，言传身教，让孩子们参与到劳动生活中来。

期待"劳动"这颗金种子在孩子们心中生根、发芽、枝繁叶茂。

守着一个苗圃，守住春华秋实。

我愿用爱耕耘，做苗圃永远的守望者！

第二节 现代班级管理的目标分析

现代班级的一切活动都应该在班级管理目标的统领下进行。班级管理工作的运转、对班级矛盾的协调、对班级管理工作的评价，都离不开对班级管理目标的参照。可见，班级管理目标是班级管理工作的宗旨。要准确定位班级管理的目标，应从理念上对班级管理目标有一个清晰的认识，再从实践的角度深入了解分析班级管理目标发挥着怎样的功能，从而形成对班级管理目标系统的把握。

一、班级管理目标的类型

管理目标是指管理系统在一定时期内预期达到的目的和取得的成果。班级管理目标是班级管理活动的核心要素，是班级工作的宗旨。根据不同的标准，班级管理目标可以划分为不同的目标类型。

（一）依据对象分类

从对象上分为学生个体目标、学生群体目标和班级集体目标。

学生个体目标指的是按照每个学生各自的兴趣、意志、情感、学习等特点，为实现其全面发展而制定的目标，个体目标应基于学校目标和班级目标。学生群体目标是指学生群体发展为成熟群体的目标。班级集体目标是指在一定时期内班级集体共同活动要达到的效果或标准，如班级学习目标、班级德育目标等。

（二）依据内容分类

从内容上分为学习目标、德育目标和常规目标。

学习目标是指学生或班级在一定时期内预期达到的成绩或者学习结果，如学生做到学习态度端正，学习目标明确，有一定的自学能力等。德育目标是指在德育方面要实现的状态，如遵守学校规章制度，热爱班集体，同学之间互帮互助等。常规目标指的是学生达到学校或班级制定的规章制度的要求。

（三）依据时间分类

从时间上分为长期目标、中期目标和短期目标。

长期目标应从整体出发，从长远着眼班级管理活动要达到的预期效果；中期目标可以理解为一个学年或者一个学期的奋斗目标，它是实现长期目标的过渡阶段；短期目标是时间最短的目标，是实现长期目标与中期目标的基础。

目标的实施过程是一个周期，可分成若干阶段，努力使各阶段的目标都得到实现，才能在周期结束时实现总体目标。所以，长期目标、中期目标和短期目标必须形成一个统一的整体。

二、班级管理目标的功能

人们在活动中协调一致，并不能简单地靠命令来实现，只有实现思想的统一，才能保证一个组织内所有成员的活动协调一致。班级管理目标协调一致，有利于建设良好班集体，其具体的功能如下。

（一）导向功能

班级管理目标一定要体现国家、社会和学校对学生的基本要求，符合社会发展的方向，为班级所有成员指明方向。现代班级管理的目标就是要坚定学生理想信念，厚植爱国主义情怀，加强品德修养，增长知识见识，培养奋斗精神，增强综合素质，着力培养能担当民族复兴大任的时代新人。

（二）激励功能

对学生而言，一个切实可行、行之有效的奋斗目标，可以吸引、鼓舞和推动他们为实现目标而努力，从而使班级工作顺利开展，学生得到发展；对班级管理者而言，可以提高他们管理的自觉性，激励他们追求班级管理工作的效益最大化；对整个班级而言，可以通过实现班级管理目标，提高班级的竞争力和凝聚力。

（三）驱动功能

班级管理目标是一种驱动力量，这种驱动力量是一种外在的驱动，使先进者更为努力，落伍者奋力赶上，鞭策班级所有成员共同努力；它又是一种内在的驱动，班级管理目标会内化为学生的一种需要，使学生从"目标"中看到自己的不足，找到奋斗方向。

（四）评价功能

班级管理目标的实现过程是不断"评价"的过程。班级管理目标的评价作用体现在对班级工作各个方面的评价，如评价优秀班集体，教师的教学质量、班风等。学校在评价班级工作时，班级的管理目标是基本参照点；同样，在学校或是学生评价班主任的工作时，也可以将班级的管理目标作为基本标准。班级管理目标的评价功能贯穿整个班级管理过程中。

三、班级管理目标的制定

班级管理目标是班级活动以及管理活动中的重要因素，制定一个科学而合理的班级目标显得尤为重要。从一定意义上来说，制定出好的班级管理目标就标志着班级管理成功了一半。

（一）制定的原则

为确保班级管理目标设定的正确性和方向性，班级管理目标的设定应该遵循如下原则。

1. 全员性原则

集体的目标要由班主任与学生共同决定。有些班主任在制定班级目标的时候，都是一人做主，一锤定音，这显然与班级管理的人本主义价值观相悖。在倡导学生个性发展的今天，学生有着强烈的表现自我、参与管理的渴望，渴望自己的才能得到施展，能力得到锻炼，个人价值得以实现。所以，班主任在完善班级管理目标的过程中，应与学生积极沟通，让学生畅所欲言，进而达成共识。

2. 发展性原则

所谓发展性原则，即是说班级管理目标的制定必须要以促进学生的发展为本，体现着促进学生发展的要求。任何一个班级管理者都必须明确：不是学生为班级而存在，而是班级为学生而存在，班级为学生的发展而存在。体现发展性原则的班级管理目标，应该能够反映促进班级中每一个学生发展的要求。

3. 激励性原则

激励是指目标制定后，能够凝聚班级的各种力量，指引着班级成员共同奋进，成为大家学习的动力之源。要使制定出的班级目标具有激励性，就要求目标的设置有一个合理的定位，既不保守，又不冒进，既不能低估本班学生的能力，把目标定得过低，又不能盲目乐观，过高估计学生水平，制定出不符合实际的目标，反而让学生因为难以实现而影响其积极性。

（二）制定的环节

目标的制定不是随意的，在制定之前，要有一系列的准备工作，包括思想上的和行动上的。思想上的准备是制定者在头脑中形成的一套关于如何制定的方案和规划，相当于建筑师在建筑前的蓝图；行动上的准备是准备如何具体实施，如通过调查来分析班级现状、了解学生等，从而使制定出的班级管理目标符合本班的实际情况，且更具针对性和适用性。一般而言，需有以下两个环节。

1. 分析班级现状

对于新接手的班级，需要做的就是初步了解班情，通过分析班级现状，从而做到心中有数，为班级管理目标的制定打下良好的基础。

2. 掌握学生的实际想法

开展班级管理工作的基础是掌握学生的实际想法，由于师生之间不可避免地会有年龄差，班主任的想法不能代表学生的想法，不对学生进行调查了解而贸然定标，想必不会取得好的效果。

（三）班级管理目标的具体化

班级管理工作是零散的、琐碎的，正是这些零散而琐碎的小事的串联，才构成了班级管理工作的体系。班级管理具体化需先将制定出的班级总体目标分散落实到班级管理的各个环节之中，如班级常规管理，包括出勤、早读、早操、眼保健操、卫生、收发作业等环节，在每个环节中，班主任均可以提出相关要求，学生之间也要互相监督，确保各个环节可以顺利完成，从而顺利完成每日的常规管理工作。其意义如下。

1. 有好处

在把目标细化并落实到不同的学生身上时，先必须让他们明白，所有的做法都是为了大家好，是为了整个集体好，而且通过大家的一致努力，会为班级带来进步和荣誉。

2. 有根据

即具体化后的措施，必须与一定的教育教学原理相符合，尤其要避免与有关法规相抵触，以避免执行中出现麻烦。

3. 有尺度

即具体化后的措施要有层次性，这样才能达到渐进性育人的效果。

四、班级管理目标的实施

班级目标的有效实施，从静态的角度来看，要保障班级组织的完整性；从动态的视角也就是运行情况来看，需要一定的协调艺术与奖惩手段。

（一）班级管理目标的实施组织

1. 组建班干部队伍

班干部队伍是班级的管理核心，是班主任开展工作的得力助手。具有凝聚力和战斗力的班干部队伍对班级管理目标的实施起着关键性的作用。班干部队伍可以有各种创新工作形式，如轮流"执政"的班委制度，设立值日班长、值周班长等，班里每个成员都有自己的"职权"。合理的班级组织结构为班级每个成员提供了大量的实践机会，班中人人有事干，事事有人管，事得其人，人得其所。

2. 组建班集体

目标的明确，机构的设置，规范的建立，这是班级组织的初建阶段；目标逐步为组织成员普遍接受，组织机构能有效运作，组织任务能基本完成，并向着自身的目标不断前行，这是班级组织的发展阶段；当组织的目标成为广大成员主动追寻的目标，成员间有着强烈的凝聚力，组织目标的达成就有了充分的保障，这是组织发展的高级阶段，即班集体阶段。

一个良好的班集体会增强集体的凝聚力、向心力，调动学生参加活动的积极性，有助于班级管理目标的顺利实现。同样，一个好的班级管理目标更能激发全班学生参加学习和活动的热情，带动学生成长，形成一个强大的团队。

（二）班级管理目标的实施过程

班主任既是班集体的组织者和管理者，又是指导者和参与者。在实现班级管理目标的过程中，班主任要充分发挥指导的作用。首先，依据全班学生的心理、生理年龄特点和学习情况，制定出切合全班实际的管理目标；其次，围绕班级目标，指导学生制定出与自身情况相符合，又与班级目标相配套的个人目标；最后，班主任可以按照目标的具体内容以及学生的实际情况提出有效措施，鼓励学生实现个人与班级的双重目标。

班级管理目标的实施过程中应充分发挥班主任的协调桥梁作用。班主任要协调好学生与任课教师之间的关系，协调好学生与学生之间的关系，协调学校、家庭、社会，形成教育合力。[①]

（三）班级管理目标的实施艺术

1. 爱的艺术

作为学生思想的引领者、精神的打造者，班主任要从内心深处热爱学生，关注学生个体，让他们在健康向上的环境中茁壮成长，因为教育是"为了人的生命质量提高而进行的社会活动"。但是，爱不能解决所有问题，现实中许多家长因为给予子女不恰当的爱而给其成长带来了严重的人为障碍。因此，对班主任而言，爱学生是要讲究艺术的，需要深入学生，认真了解、研究学生，掌握班级的具体情况，有针对性地开展工作。这样班主任可通过各种渠道逐步走入学生的心中，成为学生的良师益友。

2. 语言的艺术

管理中，教师无意中说出的话，对学生可能会产生微妙的影响，教学中的责备、训斥等语言，会让学生感觉失去自尊；学生听到教师的肯定、赞美，会增添自信。由此可见，对于教师而言，说话是一门非常重要的艺术。班主任对学生进行语言教育的次数显著多于任课教师，更应该注意语言艺术。

班主任管理是一项科学、精细的管理艺术，需要每一位班主任在实践中不断创新、总结，探索行之有效的方法和经验。现代班级管理目标实施成功的基本标志有：互动——师生之间互相学习、互相促进；人性——充满人性尊重和人文关怀；生活——班级管理贯穿学生生活的全部；唤醒——把学生的创造力和生命价值诱导出来；活动——没有班级活动就没有教育；自主——变防范性管理为服务性管理，为学生的自主成长服务。

---

① 齐学红. 班级管理［M］. 武汉：武汉大学出版社，2011.

第三节 现代班级管理的价值体现

一、班级管理的价值基础

班级管理一方面承载着人类的文化基因、文化理想和价值追求，承载着人类社会对美好生活和美好未来的向往；另一方面又承担着个体社会化的重任，使个体能通过教育来实现个人价值和追求。换言之，班级管理的价值基础就是班级管理应该坚持社会价值和个人价值相统一，既坚持社会主义核心价值观，又坚持以人为本、以学生发展为本的教育理念，培养学生成为对国家、对社会有用的人，实现个体的人生价值。

二、班级管理的价值追求

（一）弘扬爱国主义精神

习近平总书记强调，伟大的事业需要伟大的精神。实现中华民族伟大复兴的中国梦是当代中国爱国主义的鲜明主题。要大力弘扬伟大爱国主义精神，大力弘扬以改革创新为核心的时代精神，为实现中华民族伟大复兴的中国梦提供共同精神支柱和强大精神动力。青少年阶段是人生的"拔节孕穗期"，最需要精心引导和栽培。班级经营中，要注重引导学生增强中国特色社会主义道路自信、理论自信、制度自信、文化自信，厚植爱国主义情怀，把爱国情、强国志、报国行自觉融入坚持和发展中国特色社会主义事业、建设社会主义现代化强国、实现中华民族伟大复兴的奋斗之中。

（二）追求真、善、美

习近平总书记说："经师易求，人师难得。"教师承载着传播知识、传播思想、传播真理，塑造灵魂、塑造生命、塑造新人的时代重任。教师要给学生的心灵埋下真、善、美的种子，引导学生扣好人生第一粒扣子。真、善、美是人们的价值追求，也是班主任在班级管理的过程中应秉承的教育理念与追求。

所谓真，一般是指真理，它是关于人类对自然、社会、思维等的认识，主要回答"是什么"的问题，包括自然科学知识、思维知识等。真理与科学相关，人们在追求科学真理的过程中，必须具备科学精神、求实精神和理性精神等，这些精神气质有利于人们进行科学研究。

所谓善，一般是人类思考"自然和社会应该是什么"的问题，它重点回答"应该是什么"的问题，如人类应该如何组织、一个人应该如何度过一生、人与人之间应该如何相处等。

所谓美，就是"既真且善"，它是真与善的交集。人类追求"真且善"的境界，换言之，人类不仅追求科学之真，也追求人文之善，使科学和人文相结合，创造美好的人类社会。

真、善、美是人们的最高追求，也是班主任追求的最高目标。具有人格魅力的教师，其身上同样具有很强的感染因子，闪烁着真善美的光彩，将学生牢牢地吸引在自己身边。

（三）培养科学精神与人文精神

人类社会的发展是由科学与人文合力推动的。在管理班级的过程中，同样要培养学生的这两种精神，使两者协调发展，共同构筑学生的精神世界，提高学生的综合素质。

1. 科学精神

科学精神与事实有关，与真理有关，忠于事实而不是忠于主观臆断，这是科学精神基本的要求，也是科学精神的首要特征。科学精神要求人们诚实，勇于追求真理，坚持实事求是的原则。因此，班级管理过程中必须重视培养学生具备科学素养，坚持做到以下几点。

第一，传授科学知识。如《中小学德育工作指南》中所要求的"生态文明教育。加强节约教育和环境保护教育，开展大气、土地、水、粮食等资源的基本国情教育，帮助学生了解祖国的大好河山和地理地貌，开展节粮节水节电教育活动，推动实行垃圾分类，倡导绿色消费，引导学生树立尊重自然、顺应自然、保护自然的发展理念，养成勤俭节约、低碳环保、自觉劳动的生活习惯，形成健康文明的生活方式"。

第二，锻炼科学的思维方式，特别是逻辑与辨别思维等，锻炼学生科学提问的能力及分析与处理问题的能力。

第三，鼓励学生亲自动手，培养学生的操作能力、实验能力和实践能力。

2. 人文精神

人文精神实质上是一种注重人生真理的理性思维，它主要涵盖了人格、个性以及精神的认同感，是一种渴望自由、平等与尊严的内在行为，是对理想、信仰的执着追求，也是对生命以及生存意义的探寻。

培养学生的人文精神，首先，要鼓励学生亲近大自然，产生对自然、对生命的热爱之情，学会珍惜自然、珍惜生命。其次，要创造条件让学生了解社会、了解生活，引导学生积极投身社会实践，掌握社会发展的多元性。最后，要引导学生加强阅读，形成按时读书的习惯等。

在班级管理过程中，班主任应如何培养学生的人文精神，最重要的是要重视理想信念教育。《中小学德育工作指南》中要求"开展马列主义、毛泽东思想学习教育，加强中国特色社会主义理论体系学习教育，引导学生深入学习习近平总书记系列重要讲话精神，领会党中央治国理政新理念新思想新战略。加强中国历史特别是近现代史教育、革命文化教育、中国特色社会主义宣传教育、中国梦主题宣传教育、时事政策教育，引导学生深入了解中国革命史、中国共产党史、改革开放史和社会主义发展史，继承革命传统，传承红色基因，深刻领会实现中华民族伟大复兴是中华民族近代以来最伟大的梦想，培养学生对党的政治认同、情感认同、价值认同，不断树立为共产主义远大理想和中国特色社会主义共同理想而奋斗的信念和信心"。

（四）创新精神与民主精神

1. 创新精神

习近平总书记指出：生活从不眷顾因循守旧、满足现状者，从不等待不思进取、坐享其成者，而是将更多机遇留给善于和勇于创新的人们。青年是社会上最富活力、最具创造性的群体，理应走在创新与创造的前列。创新精神指的就是一个人具有敢于打破陈规陋习，用全新的观点和角度看待事物、解决问题的勇气与意识。在现实生活中，人的创新精神主要表现为人的创造性思维和问题意识。

2. 民主精神

民主精神是一种尊重他人，平等待人，虚心听取与采纳别人意见的思想和作风。现代管理班级的过程中，民主管理是班级管理的应有之举，班主任应协助学生构建班级机构，包括学生大会、团队组织、班委会、管理小组等，引导学生积极参与各种校园活动，同时鼓励这些机构与教师平等合作，共同参与教育教学和教育评价等活动。

第二章

现代班级管理与建设

二、现代班级管理的创新思考

现代班级管理应该随着教育理论、管理理论的发展而与时俱进，不断拓展思路以创造更高的效益。本书从现代管理理论入手，探讨借助现代管理理论来打开班级管理的新思路。

（一）木桶理论

在一个边口不齐整的木桶中，能够储存多少水主要取决于所有木板中最短的那一块，这一理论即为著名的"木桶理论"。在班级管理中，班主任可以充分利用这一理论指导班级管理。[①]

每个班级的每个学生的水平都是不同的，恰如木桶当中的木板长短不一。作为班主任，如果想要打造优秀的班集体，那么就必须注意到这个群体当中的学生的长板以及短板，然后通过运用科学方法把短板变成长板，最大限度地提升木桶的水容量。

第一，正确认识长短。班主任必须细心观察每一个学生，对每一个学生做出客观的分析。因为学生的成长环境、本身的天赋及个人生活经历都不同，所以学生在成绩、兴趣、思想状况方面也会表现出差异。班主任只有清楚地了解所有学生的长处和短处，才能针对性地进行"短板"处理。

第二，创设取长补短的环境。班级是一个集体，班主任可以通过群体之间的相互作用为不同的学生搭起沟通的桥梁，让学生之间形成友好和谐的氛围。在这种氛围中，学生之间存在的误解更容易被消除，距离更容易被缩减，学生更容易变得团结；在这个过程中，可以实现取长补短、优势互补，这样，整个班级的合力也会更强大。

第三，善于做到"短中见长"。班级中学生数量较多，难免出现"短板"学生，班主任必须做到客观公正，不能因为学生存在短处而看不到学生身上的长处，一定要避免这种以偏概全的错误看法。班主任应该善于寻找学生身上存在的优势、闪光点，善于取长补短。

第四，善于补齐短板。班主任在明确学生的"长短"之后，需要有针对性

---

① 王楠.借助现代管理理论创新班级管理的思考［J］.中国证券期货，2012（9）：74.

地寻找解决学生短板的有效方法。比如，班主任可以通过谈话的方式给予学生更多的关注，让学生知道自己是被偏爱的，在教师的热切期望下，学生可能会更努力更积极地去改正，慢慢地，学生的短板就会变成长处，木桶的容水量也会明显提升。

（二）管理层次理论

现代企业集团可以分成核心层、紧密层、半紧密层以及松散层，对于一个企业来讲，影响力最大的是核心层。而对于一个班级集体来讲，从管理序列的角度来看，班级集体可以分成由班级干部组成的核心层次、由进取心比较强烈的学生组成的紧密层次、由比较活跃的学生组成的松散层次、由一般学生组成的疏远层次；而从情感序列的角度来看，可以依据学生和班主任的关系，将班级集体分为三个层次，即和老师关系非常和谐的紧密层次、和老师感情正常的一般层次、和老师关系比较冷淡的疏远层次。

一般情况下，班主任会从核心层次或者亲密层次当中的学生获取班级信息或者班级管理建议，而对处于疏远层次的学生的意见和想法则没有过多的关注，可能还有一定的忽略。所以，班主任如果想要掌握全部学生的客观状况，就要主动和疏远层次的学生进行联系，征求他们的意见。

（三）激励理论

班主任在真正了解学生需求的前提下，可以利用激励理论指导学生，评价班干部，激励他们更加积极地追求自我价值的实现。人的智能并非只是一个，而是由一组能力所构成的整体，这一组能力包括语言智能、音乐智能、数理逻辑智能、空间智能、运动智能、自我认知智能和人际交往智能等。每一种智能都是相对独立存在的，具有其独特的价值。但是这七种智能不是平均分布在每个学生身上的，每个学生都有自身的弱点与不足。因此，对每个学生的评价应当关注其个性的发展，积极挖掘每位学生的特征，而不是以统一的标准要求每位学生，这也与赏识教育所要求的发现每位学生的优点不谋而合。

（四）需求层次理论

按照马斯洛的需求层次理论，自我意识越发强烈的学生其实越渴望父母和教师的理解、尊重，渴望归属感和自我价值的实现。因此，班主任与学生接触时不妨以此理论为依据对学生的行为动机多一些深层次的理解，找准关键点，做到"对症下药"。

三、现代班级管理的有效性思考

（一）人本管理

《现代教育管理论》中讲述现代管理的一个重要思想就是"人本"思想，这一思想的基本精神就是："人是管理活动的主体，是管理的核心和动力，必须发挥组织成员的积极性与参与精神，建立良好的人际关系。"在这种理论的指导下，班级管理必须突破"以教师为中心"的传统管理模式，因为这种模式往往采用"警察式""裁判式"的管理方式，与现代学生独立意识的觉醒、自主意识的确立和民主参与意识的增强极不协调。"以学生为中心"的管理模式则体现了人本思想，把学生作为班级管理活动的主体，有利于学生自主、自律及民主参与意识的增强。[①]

（二）宽严有度

宽是班主任的一种风度。班主任对学生不可无宽，无宽则不亲和，不亲和则会陷入孤立，四面楚歌。严是一种威仪，班主任对学生不可不严，不严则不能立威，不能立威则政令不行，班级管理就不能成功。宽严的运用必须把握好火候与尺度，做到宽严相济、宽严有度。

1. 先严后宽

《菜根谭》中讲道："先严后宽者，人感其恩；先宽后严者，人怨其酷。"初接触学生时，班主任一定要示学生以威严。无威不能立望，学生如果不把班主任放在眼里，学校的规章制度便难以严格落实，难以形成良好的班级风气，而班级的初始班风一旦偏斜，今后再想扭转，恐怕非一日之功就。班级的一切工作走上正轨之后，可针对具体情况适当调整宽严的尺度。当然，无论什么时候，班主任都要以平等友善的态度对待学生，要善于容学生之短，宥学生之错。

2. "面"严"点"宽

面对班级整体，班主任应明确宣布规章制度，布置工作任务，严格落实班主任的各项要求。对班级出现的不良事件，要面向全体学生讲明问题的严重

[①] 陈良民. 班级管理的有效性问题研究［J］. 教学与管理，2007（36）：40-41.

性，对其进行深入剖析，指出其中的利害，强调事件对班级造成的不良影响。针对具体情况，可点名或不点名地对犯错学生加以批评教育，以对全班学生起到警示作用。面对学生个体，班主任可私下与其交流，可多站在学生角度为其分析违纪的危害，讲明批评处理的原因，相信他今后可以改正缺点，也希望教师和学生之间能互相理解。这样既能让学生认识到错误，也能让学生理解教师的意图，让犯错学生在明理中规范行为，避免因班主任的批评处理严厉而导致师生关系疏远。

严是责任，严而不酷；宽是智慧，宽而不乱，只有这样，才能收到良好的教育效果。

（三）自主管理

陶行知先生说，"最好的教育，是教育学生自己做好自己的先生"，就是要让学生养成自我教育、自我管理的好习惯，并持之以恒，这才是让教育回归本真。作为班主任，如果一味地亲力亲为，学生长期处于被动的地位，做事缺乏主动性、独立性和自觉性。学生既是教育的客体，又是自我教育的主体。班主任应该做好"导"的工作，培养学生良好的生活习惯和学习习惯，在生活、学习上给予适当的指导，强化学生的自我管理能力。良好的自我管理机制不仅可以创造学生自主发展的空间，也使班主任从烦琐的工作中解脱出来，事半功倍。

（四）"精神充电"

真正的教育绝不仅仅是简单地讲道理、传授知识，更不仅仅是为了开发学生的智力，而是应把教育者的精神能量传递给学生，让他成为一个内心强大的人，一个能承担责任的人。班主任的一项重要工作就是激发学生斗志，激发他们的斗志和热情，我们称为"精神充电"或"精神加油站"。具体方法如下。

1. 目标激励

如在每次考试后可以让学生在分析总结的同时给自己立志，即下一次考试的奋斗目标。对于实现目标的学生给予充分的肯定和表扬，并给予一定的奖励；对于尚未实现目标的学生给予鼓励和鞭策。

2. 活动激励

如通过主题班会形式鼓舞学生们的士气和斗志，利用班级宣传阵地，让激励教育工作融于教育细节中。

3. 榜样激励

如经常组织各方面表现优秀的学生进行分享交流，让榜样激励学生向更高的目标奋进，尤其要表彰那些基础成绩不好但进步特别大的学生，让那些信心不足的学生看到前进的方向。

第二节　现代班级管理的优化策略

一、提升班集体荣誉感

一个班级能否称为班集体，关键看班级的集体凝聚力是否足够强大。而集体荣誉感是集体凝聚力的来源，是集体发展的动力，它对每一个学生的个体发展起着巨大的潜移默化的激励和制约作用。有了集体荣誉感，学生就会热爱集体并发挥主动性和创造性，表现出主人翁的责任感；做到心往一处想，劲往一处使，形成一股合力，从而使班集体更具凝聚力和竞争力。

（一）以活动为契机，培养学生的集体荣誉感

集体活动是富有教育力和感染力的课堂，学生从中可以受到教育、得到启发、得到激励，从而使集体荣誉感不断增强。主题班会、文体比赛、联欢会等活动都是我们培养学生集体荣誉感的极好机会。在这些活动中，班主任要有意识地引导、调动每个学生的积极性，充分发挥其作用，使其感受到集体荣誉跟每个人的努力分不开。

（二）以学生为主体，增强学生的主人翁意识

主人翁意识是学生自律向上的动力，有了这个动力，他们会对集体的事情热心参与，为集体的成绩、进步而欢欣，为集体的困难、挫折而担当，感觉到集体的一切与自己息息相关。增强主人翁意识的教育可以体现在学生生活的方方面面，不论是募捐救灾还是每天的卫生扫除，只要教师的方法得当，就会起到"润物无声"的效果。

（三）以榜样为力量，激发集体荣誉感

莎士比亚说过："榜样如同水面上的水花一样，从一个小圆圈变成大圆圈，不停地扩大，直到无可再大，归于消灭。"榜样是最好的教育。班主任可开展"寻找身边的榜样"活动，鼓励学生赶、比、帮、超：有的学生乐于助

人，有的学生爱岗敬业无私奉献，有的学生见义勇为，有的学生主动帮助生病的学生值日，有的学生背着受伤的同学上下楼，有的学生在父亲节、母亲节帮父母做力所能及的事情，有的学生积极地为贫困学生捐款，有的学生自觉为学校清洁垃圾……只要身上有闪光点就可以成为大家的榜样，这就培养了学生以赏识别人为荣的良好习惯，同时也远离了不良行为。

（四）以班委会为推力，加强班级凝聚力

"火车跑得快，全靠车头带。"一个优秀的班级，除了要有一名出色的班主任外，还必须有强有力的班委会。班干部作为联系班主任与学生的桥梁，他们工作能力的高低，工作方法的对错，在同学中的威信如何，往往能够决定一个班级的精神面貌、风气以及班级集体荣誉感和凝聚力。

二、践行"3A"法则

"3A"法则包括活动（activity）法则、放大（ampli fication）法则、积累（accumulation）法则。

活动法则让活动为班级建设聚力。班级活动是班级建设的重要载体，是实现班级管理目标的桥梁，是学生展示才华的阵地。《中小学德育工作指南》中明确指出"活动育人"与"课程育人、文化育人、实践育人、管理育人、协同育人"是六大育人途径，要精心设计、组织开展主题明确、内容丰富、形式多样、吸引力强的教育活动，以鲜明正确的价值导向引导学生，以积极向上的力量激励学生，促进学生形成良好的思想品德和行为习惯。可见，活动育人对于班主任提升德育工作水平，落实好立德树人的根本任务有着重要的意义和作用。

放大法则让过错变成学生成长的契机。班主任工作中难免要面对各种学生问题，如何面对、转化学生问题，既考验班主任的修养，也挑战班主任的智慧。面对学生出现的问题，可有三种思维：一是"底线思维"，给问题处理设定一个"底线"；二是"辩证思维"，要辩证地看待学生出现的问题，学生出现问题，同时也出现了成长和改变的契机；三是"成长型思维"，不要因为学生出现问题而把学生定格为"问题学生"，学生每天都在成长变化。在这样的思维下，处理好学生问题，关键是要利用学生出现的过错、放大学生出现过错产生的教育效能，让"唯一"的过错成为"每一"位学生成长的资源，让"唯一"的过错成为学生改变自己的契机。

积累法则让"唯一"变成班主任的"每一"。在班级管理中要注意积累，把"唯一"一次的工作、事件时刻变成今后班主任每一次工作的养分、资源。要注意以下几个方面的积累：一是积累工作素材，包括各种班会素材、各种规章制度等，有了这些积累，后续工作将有所参考，负担会有所减轻。二是积累各种案例，包括学校活动方案、班级活动方案、问题学生的案例等，这些素材的积累，对研究提升工作将很有帮助。三是积累学生平时的表现，包括在某些特殊时刻给学生拍的照片、学生的日常言行、学生各方面成长变化等，有了这些积累就可以帮助班主任给学生写出更加个性化的评语，在与家长沟通、与学生个别交流时更加有的放矢、言之有物。

三、激发福流体验

福流（mental flow），又被译为心流、涌流、沉浸感，是由心理学家米哈里·契克森米哈赖教授提出的。他在《心流——最佳体验心理学》一书中写道："'心流'是一种现象，即全力以赴、无私奉献去做一件事。"在心理学中，指人们在专注地进行某种行为时所表现出的一种心理状态——全神贯注、乐此不疲的一种心境。利用"福流"体验，班主任在班级管理中可引导学生悦纳自我和悦纳他人，发现自己的性格优势，收获幸福的喜悦，建构积极的生命意义，释放生命的精彩。

（一）学会悦纳

悦纳是指高兴地接纳东西或人。"一个人最大的敌人不是别人，而是自己"，说的就是"悦纳"。悦纳分为两种，即悦纳自我和悦纳他人。悦纳自我（或他人）是指个体能正确评价自己（或他人），接受自己（或他人），并在此基础上使自我（或他人）得到良好的发展。悦纳不仅指接纳人格中的优点、长处，更指要接受缺点与不足。如为解决青春期孩子的叛逆，班主任的一句话、一个认可的眼神或许可让一个孩子满心欢喜，自信满满。教师这种带着接纳和爱的眼光面对学生，学生也会学着悦纳自我，朝着好的方向发展。

（二）看到优势

看到优势能增加对自我的认同感和团队的认同感。看到自我优势是让学生感受福流的关键因素。一个人在发挥优势时更容易投入当前的活动中去。一位具有发展性思维的班主任在面对学生的问题时，会更多地看到学生的潜力，看到学生的品格优势，给予学生鼓励和支持。如电影《弱点》中原本自卑的主人公正是在"看到优势"的教育下，才逐渐找到自我，以自己的身体条件在刻苦锻炼下，终于成为美国国家橄榄球联盟的首批被选球员。

四、做好"情绪管理"

情绪智商（EQ）一词现在听起来并不陌生，美国哈佛大学心理学博士丹尼尔·戈尔曼认为：EQ是人类最重要的生存能力，一个人的成功，IQ的作用只占20%，另外80%是EQ的作用。情商对人的一生会造成深远影响，它对培养学生心理综合素质、加强人际关系、协作创新能力、发挥最佳学习状态以及智力、情感、意志的协调发展等都有重要的作用。但在现代班级管理过程中，学生的"情绪管理"却或多或少地被忽视了，班集体中的学生情绪管理更应当作为每一位教师特别是班主任管理班级的必修课。

班主任作为班级的领导者要善于控制和管理学生的情绪，启动班级情绪管理的神奇按钮才能以情绪带动潜能，让学生根据自己情绪表现程度提高学生的情绪处理能力。实践证明，没有情绪的班级，是平庸的班级；拒绝情绪的班级，是悲哀的班级；扼杀情绪的班级，是残酷的班级。所以，做好班级的情绪管理，班主任可采取以下策略。

（一）要具备调控情绪的本领

1. 乐观向上

班主任积极的心境来源于良好的品德和个性。热爱学生，兴趣广泛，心态自然就会平和，善于走进学生的内心世界，成为学生活动中真实可亲的一员，情感上真正和他们融为一体。如每天利用早读的最后几分钟给学生读自己看到的思想性和教育性强的故事，从早上开始就给学生阳光般的心情；采取合适的方式给学生祝贺生日等。久而久之，学生必然会受到积极情绪的影响，也会保持愉快向上的情绪状态；反之，学生必然会感受到压抑与沉闷。

2. 宽容真诚

班主任要胸怀开阔，用宽厚的爱去感染、鼓舞学生，公正地评价学生，宽容学生的错误，而不是把他们视为发泄自己情绪的对象，体罚他们更是愚蠢的行为。班主任要根据客观因素的变化，不断地调整自己的情绪，建立适合自己班级气质的和谐氛围。如可根据学生违纪程度不同采取"惩罚"的措施——让他们表演不同难度的节目——这种方式避免了体罚、批评、唾骂等，减轻了学生心理压力，还锻炼了他们的综合素质，十分有效，受到师生欢迎。

3. 积极关注

积极关注是班主任了解学生情绪情感，走进学生情感世界的前提。班主任能在瞬间捕捉表情和行为的细微变化，迅速而准确地观察学生，深入细致地体验学生的情绪状态，全面而客观地洞察每个学生的个性特征，真实地判断所发生的情况而不为假象所迷惑。班主任不仅关注学生在学校的学习、生活、交友等各方面的表现，还要经常和家长沟通，这对管理学生情绪也十分有益。

（二）加强对学生的情绪调控

1. 多一些赏识

心理学上说："人类最负面的情感既不是悲痛，也不是愤怒，而是羞耻感。"适度的羞耻感可以提升谦虚、自主和能力，但也有学者研究发现，学生羞耻感与学业自我效能感存在显著负相关，高羞耻感者的学业效能感比较低，并且学业效能感对羞耻感具有一定的预测作用。因此，如何让学生知耻但不自卑，需要把握"度"。在激起学生羞耻心的同时，还应该学会保护学生的自尊心，坚持正面教育、尊重学生人格。心理学上有个"皮格马利翁效应"，说的是人们往往会在不同程度上受到来自他人潜意识的影响，当你给予他人某种期待时，对方也会在不知不觉中受到你的影响，久而久之成为你期待的样子。虽然赏识教育未必是一种完美的教育，但经常性的真诚赏识能有效提高自我效能感，自我效能水平高的人更敢于面对困难，更富有自信心。

2. 多一些减压

心理学研究发现，在工作和学习上，压力与效率是一种倒"U"形的曲线关系（见图2-2-1），当压力增强时，效率就会提高，但达到一个最佳水平后，效率在某种程度上不再提高，而是随着压力的继续加强而下降。用一个比喻来说，人就像一个杯子，压力好比是水，在杯子未被装满水前，每一滴水都是珍贵的，一旦装满水，再装入任何东西都是一种负担，而过度的压力最终会使人产生恐惧、愤怒、焦虑等情绪和攻击性行为。因此在班级管理中，班主任可以借助班级活动、班级文化营造引导学生放松身心，适时减压。

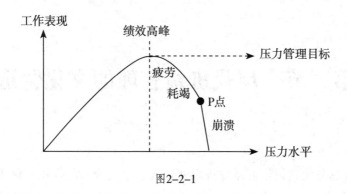

图2-2-1

第三节 现代班级管理的文化营造

班级特色文化建设较好地发挥以文化人、以文育人的作用，促进学生良好思想品德的养成。好的班级文化就像春天的阳光，它能使每位学生感到温馨、温暖、快乐，使班级井然有序、充满生机，使学校充满文化氛围、文化底蕴、育人特色。重视打造班级文化将成为现代班级管理的一种潮流、一种必然。

一、规范班级文化建设标准

笔者所在的区域会定期举办中小学班级文化建设示范班展示活动，我们制定的《中小学班级文化建设示范班评选标准》主要从班级精神文化、制度文化、活动文化、环境文化以及班级文化建设成效与特色凝练五个方面来评价、规范、引导班级文化的建设。

班级精神文化的建设分为五个方面：①班级发展理念。有清晰的班级发展理念，有明确的班级发展目标，全班参与班级目标的制定。②班级发展规划。制定切实可行、有指导意义的班级发展规划。③班级工作计划。制订学年度和学期工作计划，进行学期总结和学年度总结，工作计划落实到位。④班级标识。有班级名称、班徽、班牌、班训、班歌及其他标识，班级标识有特色，能体现班级发展理念。⑤班风及班级凝聚力。对班级有明显的认同感，有正确的价值观，有积极向上的班级风气，学生行为规范，同学、师生、家校间关系融洽，被评为校级以上优秀班集体。

班级制度文化的建设分为四个方面：①班规或班级公约。定期制定班级公约并上墙展示，班级公约合理、合法，全班参与民主制定班级公约。②班干部建设制度。建立健全班干部选拔制度、培训制度和工作制度。③团队（小组）建设制度。建立健全班级团队（小组）建设和工作制度。④家长委员会制度。

成立班级家长委员会，建立健全班级家长委员会制度并发挥作用。

班级活动文化的建设分为三个方面：①班级活动。定期开展主题班会并形成系列活动；开展丰富多彩、形式多样的班级活动（包括校园活动、社会实践活动、亲子活动等），在班级活动中积极发挥学生的主体作用。②班级特色活动。开展班级特有的活动，体现班级发展理念。③家长参与。开设家长微信群、QQ群，让家长参与班级事务讨论，并积极参与班级活动的策划和过程。

班级环境文化的建设分为两个方面：①班级显性环境建设。教室整洁，装饰美观，班级理念、班训等张贴上墙；班级黑板报、墙报等板报定期更换并发挥教育功能；有图书角，且定期更换书籍并发挥功能，有体现班级文化的独特布置。②班级隐性环境建设。教室布置有教育意义，布置有主题、有整体性，能体现班级发展理念。

当然，仪表文化也是班级文化的一部分。班主任也应注重自己的仪容仪表，要让自己更有亲和力。教师本身的穿着发型会对学生个性方面产生影响，特别是班主任，如果班主任非常注重自己的仪容仪表，能向学生传递正确的仪表美，那么师生之间也会变得更加亲近，教师也会有更强的亲和力。

在班级文化建设中，班主任要牢牢把握"精神文化是灵魂，活动文化是精髓，环境文化是基础，制度文化是保障，特色文化是关键"的思路，梳理、总结、提升带班经验，创个性治班之道，从而真正达到以文化人、以文育人的目的，让班级文化建设成为学校一道亮丽的风景线。

示例：中小学班级文化建设示范班评选标准

一级指标	二级指标	分值	评分说明
一、班级精神建设（34分）	1.班级发展理念	5	有清晰的班级发展理念，有明确的班级发展目标，全班参与班级目标的制定
	2.班级发展规划	5	制定切实可行、有指导意义的班级发展规划
	3.班级工作计划	4	制订学年度和学期工作计划，进行学期总结和学年度总结，工作计划落实到位
	4.班级标识	8	有班级名称、班徽、班牌、班训、班歌及其他标识，班级标识有特色，能体现班级发展理念

续 表

一级指标	二级指标	分值	评分说明
一、班级精神建设（34分）	5.班风及班级凝聚力	12	对班级有明显的认同感，有正确的价值观，有积极向上的班级风气，学生行为规范，同学、师生、家校间关系融洽，被评为校级以上优秀班集体
二、班级制度建设（12分）	6.班规或班级公约	4	定期制定班级公约并上墙展示，班级公约合理、合法，全班参与民主制定班级公约
	7.班干部建设制度	3	建立健全班干部选拔制度、培训制度和工作制度
	8.团队（小组）建设制度	2	建立健全班级团队（小组）建设和工作制度
	9.家长委员会制度	3	成立班级家长委员会，建立健全班级家长委员会制度并发挥作用
三、班级活动建设（24分）	10.班级活动	16	定期开展主题班会并形成系列活动；开展丰富多彩、形式多样的班级活动（包括校园活动、社会实践活动、亲子活动等），在班级活动中积极发挥学生的主体作用
	11.班级特色活动	5	开展班级特有的活动，体现班级发展理念
	12.家长参与	3	开设家长微信群、QQ群，让家长参与讨论班级事务，并积极参与班级活动的策划和过程
四、班级环境建设（20分）	13.班级显性环境建设	15	教室整洁，装饰美观，班级理念、班训等张贴上墙；班级黑板报、墙报等板报定期更换并发挥教育功能；有图书角，且定期更换书籍并发挥功能，有体现班级文化的独特布置
	14.班级隐性环境建设	5	教室布置有教育意义，布置有主题、有整体性，能体现班级发展理念
五、成效与特色凝练（10分）	15.成效与特色凝练	10	说明班级文化建设的成效与特色要求：特色名称、形成过程、内涵阐释、主要内容、成果表现、社会效应等
合计	—	100	—

示例：班级文化建设特色主题

特色名称	解释
自我管理特色	创建学生自主、自治特色班
卫生免检特色	创建清洁卫生示范班
常规管理特色	创建常规管理示范班
自管自育特色	创建自主学习、自主管理特色班
文明礼仪特色	创建文明礼仪示范班，开展文明行为展示活动
心理科学特色	创建心理健康教育特色班，开展心理健康活动
文学特色	创建文学特色班，开展日日书香活动，举办文章诗歌展览
艺术特色	创建艺术特色班，开展艺术活动，举办艺术作品展、艺术特长展示
科学兴趣特色	创建科学兴趣特色班，开展科技知识讲演活动和科技作品展示活动
IT特色	创建IT特色班，开展IT小课件制作活动
体育特色	创建体育竞技特色班，开展田径类、球类等活动
英语特色	创建英语特色班，开展每日生活英语读、说、写活动，开办班级英语沙龙
道德情操特色	绿竹精神（梅、兰、菊、松），雁阵精神

二、班级文化建设的实践

杜威说："教育的目的在于文化的陶冶，在于人格的发展……学校所施加于它的成员的影响将更为生动，更为持久，含有更多的文化意义。"在班级文化营造中，把积极心理学应用到班级文化建设，是从教育理论到育人实践的完美结合。积极心理学认为"积极的力量和美德"等思想内涵对于建设班级文化起着指导作用。班主任可通过创造促进学生积极性发展的环境，以积极的文化氛围来影响学生，激发乐观、自信、自律等积极情绪，促使学生能发挥自身优势。

（一）营造"积极特质"的精神文化

班级精神文化主要是指在班级文化实践过程中，大多数成员所共同认可的文化观念、生活信念、价值观念等。精神文化是班级文化建设的核心，积极阳光的学风、班风、舆论氛围、班级人际关系体现着一个班级蓬勃向上的整体风貌，不仅有利于学生的心理健康，也无形地激励着学生寻求自我实现。

首先，精神文化建设应该以学生的团队精神和集体责任感为前提，因为精神文化是大多数成员共同认可的价值观，因此班主任要有意识地引导学生共同参与到班级文化建设中去，集思广益，共商对策，共同为班级文化建设献策献力，逐步培养学生的主人翁意识。

其次，在目标的引领下，可结合传统文化资源，进一步挖掘班级文化内涵。在思考班级的文化内涵定位过程中，以学校文化和年级德育目标为依托，结合传统文化资源中相应的道德内涵，形成有班级特色的班名、班训、班徽和班级口号。这是班级文化的外显载体，代表了一个班级独特的、个性的班级文化特色，是巩固一个班集体的精神力量，是团结一个班集体的重要手段。

在班级精神文化建设过程中，要坚持以学生为主导，给予学生自我追寻的空间，发挥创造力和想象力，对班级的未来进行畅想和规划，在系列的活动中获得积极的情绪体验，从传统文化中获得积极的精神滋养。

（二）营造"积极体验"的物质文化

班级物质文化环境就是班级内部、外部环境及各种教学设施所表现出来的物质文化形态。班级的物质文化是学生能最直观感受到的文化，给学生带来最直接的主观体验。学生能从课室环境布置中获得积极的情绪体验，会对学习氛围、班风班貌等提供正向助力。因此，班级物质文化建设要以"生"为本，需要每一位成员共同参与、用心设计。

笔者曾在班级的环境布置上这样操作：在教室墙壁上设置学生作品展区，张贴学生的书法、绘画、摄影等作品；班级文化墙摆放活动照片；黑板上开辟"每日一格言"栏目，每日由一名同学负责写上一句与班级精神文化相关的名言；黑板报的设计中，在落实全年级提出的主题的同时，更融入班级特色文化，如班徽等；对图书角进行装饰，摆放绿植和相框等；让课室环境呈现出温馨、阳光的积极气质，使学生能够在班级环境中收获"积极体验"。

（三）激发学生潜能的活动文化

"活动文化"，也称"行为文化"，是在教师的指导下，班级成员共同参与集体活动过程中所创造出来的文化。积极心理学主张激发人内在的优秀品质及积极力量，由此最大限度地挖掘自身潜力，并获得优秀的表现。活动之所以具有教育的功能，关键在于活动能满足学生交往、有归属感的心理需求，并能充分发挥学生潜能，促进自我实现。

班主任可以在活动中创设教育契机，例如，举行关于时间管理、学习方法的主题班会，由学生主持、分享，小组讨论；在班级展开调查，成立学习兴趣小组，每次班会课让各个小组展示个性化的兴趣爱好；鼓励学生参加校运会、同学生日会、知识竞赛等各种活动，让学生在活动中展示自己的特长和才艺。除了班会课之外，平时的课堂上也可以设置积极的活动环节，把德育融合到日常教学之中。例如，语文课堂，可设置小组合作研究，进行读书分享和时事评论的展示，把课堂打造成学生自我发现、自我实现的空间，活动中学生合作互助，互相评价，在同伴互动中收获自信。

（四）促进积极认同的制度文化

班级制度文化建设在于维护每一位学生的共同利益，为班级所有成员提供公平公正的制度环境，让每个学生都有发展的权利，感受到个体在班级中的价值和意义。积极心理学家认为制度文化至关重要，学校的纪律政策要持续发生作用，重点是矫正和培养能力；学校能够看到学生的成就，并对他们积极的行为进行奖励等。

制定班规可以让全班学生共同参与。笔者曾让每一位学生根据学校校规《学子规》撰写提案，再组织全班讨论、修订，这样做的目的是让学生认识班规的积极意义——对自身发展有用而非只是约束与惩罚。班干部的产生也可采取推荐、自荐、轮换制等，要让学生们认识到当班干部并非做老师的"传声筒"，而是一项锻炼、一个学习的机会，学会待人接物，做人处世。

三、班级文化建设示范班案例

案例：看旭日冉冉，沐初晗之美

——广州市南武实验学校"晗数班"班级文化建设

一、关于晗数

（一）晗数由来

"晗数"一名是由全班讨论确定的。"晗"字意为"天将明"，也寓意着希望和成长。从字形结构看，"晗"由"日""今""口"组成。"日"和"今"指让学生活在当下，"口"指培养学生的口才，让学生不断地展示自我。"晗"字也体现了我校"旭日"教育的教育特色。

而"数"代表我任教的数学学科，一方面要突出班级文化的数学特色；另一方面数学是一种国际语言，希望孩子们有国际视野。

"晗数"还与"函数"谐音，而"函数"是数学算理的基础，希望孩子们能把数学与生活联系在一起，明白数学源于生活，也服务于生活。

（二）晗数精神

看旭日冉冉，沐初晗之美。

立数学特色，明万物之理。

（三）晗数班训

如果这世界上有奇迹，那么它的另一个名字叫努力。

（四）晗数班徽

（五）晗数班旗

班旗的底色是红橙渐变，寓意为初升的太阳照耀着每一位晗数人，给人以力量和信心。

二、建设晗数

（一）完善自主管理制度

明确责任。细化班级学习、纪律、卫生等各方面的管理制度，做到人人有事做，事事有人做，时时有人管，建立一支强有力的班干部队伍、一支高效的科代表队伍、一支落实到位的小组群体，小到学生个体，大到班级整体，都有明确的责任与分工。

发扬民主。班规由学生来制定。利用班会、"每月一事"时间，带领学生认真学习《中学生守则》，从学习、纪律、卫生、作业、考勤、好人好事等方面对学生的在校行为进行量化考评。对学生的考评结果一周一汇总，对优秀者及时鼓励和表扬。

选好班干。在选择班干部时，我们严格遵循两个原则：尊重个性、选评民主。对各类学生扬长避短，最大限度地发挥他们的能力；发扬民主作风，使得人人都有机会实现自我价值。

"无为而治"。通过班级文化氛围的感染和教师的言传身教，让学生学会自主管理。左班长、右班长、值日班长、科代表、组长等制度形成了树状金字塔的管理体系，以左、右班长为首，管理班上的所有日常事务，并对当天的值日班长、科代表等的工作完成情况进行评分，五个值日班长负责带领当天的卫生团队完成班级卫生工作，科代表负责督促各组组长按时按质收取作业，小组成员互相监督。每一个学生都成为班级事务管理者，班级凝聚力不断增强。

（二）开展数学特色活动

好玩数学。内容包括：魔方与数学思维、七巧板中的数学、扑克牌中的数学、彩票与概率。

研究数学。内容包括：找规律问题、找等量关系列方程的数学地图、短程线问题系列化研究、勾股数的再发现、数形结合与无理数的证明。

应用数学。内容包括：如何测量树叶面积、如何选择手机套餐、如何在超市购买更实惠的商品、如何合理分摊物品和货币、人民币基数选择研究、学生自选课题。

此外，我们每周开一节"美妙之数学"活动课程，如魔方比赛、七巧板比赛、24点比赛、从课堂到奥数等；定期安排创意数学作业活动，如让孩子们自行计划一次亲子游，并策划旅游经费与旅行路线方案等，从而感受数学源于生活，同时服务于生活。

（三）鼓励学生良性竞争

在教室墙壁上，我们开设了"优秀晗数人""晗数人优秀学习法——五步法""目标，让我们走得更远""晗数优秀小组"等栏目。

优秀晗数人。每个学期初，我发给每位同学一本"晗数存折"，鼓励同学们向我或小组长问问题，每问一个问题就可以得一朵小红花，每10朵小红花可以兑换奖励（如与校长合照、获得一个爱的拥抱、免作业卡等）。每个月统计同学们获小红花的数量，评选出前10名为该月的"优秀晗数人"。

晗数人优秀学习法——五步法。学校提倡学习五步法，分别是先学—听课—追记—改错—教会别人。其中教会别人指的是要求学生每天回家把当天上课学过的知识教给家长。我也会定期选出在"五步法"中表现突出的学生作品并张贴出来。

目标，让我们走得更远。开学初，我让同学们自行抱团组队，制定个人与小组的学习目标和实施方案，并将其张贴出来。

晗数优秀小组。每学期期中、期末考试，我们班都会举办一个名为"晗数光芒"的颁奖典礼，邀请家长一起参与，对达到目标的小组进行颁奖。

（四）家长积极参与支持

我们创建班级"时光小屋"，让学生和家长能实时浏览存储在班主任手机中的有关班级活动的视频和照片，拉近了家长和班级的心理距离。

每月一次的"创意生日会"很受学生们的欢迎。生日会由学生们策划组织，每个孩子都会收到一份神秘大礼，还邀请"小寿星"的家长到场，见证孩子们的成长，学生在感动中体验亲情和友爱，学会感恩和珍惜。

班级的每一次活动，家长们都会积极参与。他们有的充当美术顾问，指导学生黑板报如何选取构图色彩和内容；有的充当熟手技工，参与教室文化氛围的布置……看着在夜色中忙碌的爸爸妈妈的身影，最受触动的是孩子，父母对班级工作和活动的支持，使他们骄傲，让他们懂得感恩。

案例：少年志远　笃行必达

——广州市五中附属初级中学"明志班"班级文化建设

一、关于"明志"

（一）"明志班"的由来

明，指明辨笃行，即明是非，知荣辱，辨善恶，务实进取；志，指精进远志，即求真知，担责任，立长志，自强不息。明志，笃行才有方向；笃行，才能精进达志，不负年少！

（二）"明志班"班徽

班徽正中间的"2"字代表着明志二班，寓意着明志班团结一心、互帮互助。皇冠之昂扬存在于我们每个人心中，但我们绝不会止步于此，而要插上翅膀，去探索更美的世界。

（三）"明志班"班旗

班旗是由红色、白色、蓝色、黄色组成的。顶上的皇冠代表全班的信心——只要努力拼搏，我们就是最棒的。下方的班训时刻提醒着我们要不忘志向，务实进取。

二、建设"明志"

（一）班级环境：明境助明志

班级的环境布置配合"明志笃行，精进远志"的班训展开。班训张贴在课室中抬头可见；整齐美观的书架在班级后方，营造良好的阅读氛围；墙报定期更换，画面美观，内容丰富；墙上还张贴学生手绘Q版全家福，带来温馨气氛。课室里讲求窗明几净，学生每人自备透明桌垫，保护书桌，还要维护个人座位一米责任区的卫生，每次班会课前5分钟，自带抹布打扫个人区域及地面区域，全体明志人共建洁净有序的课室，温馨雅致的班级。

（二）班级制度：明志先明理

1.班干团队建设：人人乐做主人翁

我们首先竞选出班长、学委、宣委、体委、劳委、生委、各科科代表，然后各岗位班委进行二次组建，从非班委同学中招兵买马，建立自己的小团队，提升工作效能。剩下的同学也没有闲着，思考班级还有哪些地方需要进行管理，提出自己的建议。每个人都在为班级出力，每个人都是班级的主人。

2.明志公约：心中有矩知方圆

无规矩不成方圆，明志班需要全班同学同心同德，共同制定有利于维护班级秩序、促进班级发展的规矩。由班委与班主任先提出草案，从思想、纪律、学习、出勤、安全、劳动各方面拟定相应规则，在班会公示讨论，全体达成一致，民主通过之后，正式定下明志班专属制度。明志人心中有矩，行有所遵。

3.责任自担，提升效能：作业自查明责任

作业自查制度从初一下学期开始实行。每天科代表在黑板上写好上交作业的项目。学委准备好当天作业自查表，每位同学到校后，自主拿出作业到讲台上交并自主打钩确认。

三、班级特色活动：明志共精进

（一）明志常励志

明志班特有的励志活动有"学业生涯规划""红色少年初长成"两大系列。开展"学业生涯规划"的目的是帮助孩子们寻找初心，不忘初心。

"红色少年初长成"系列的目的是以红色力量强心铸魂。我们开展了系列班课"传承红色基因，争做时代新人""宪法在我心""中国有力量""党史知识竞赛""谁是最可爱的人""暖暖中国棉，爱国赤子心"等。在节假日，以小组为单位开展红色之旅，例如，"走进红色基地""红色地标打卡"等活动，一家三代同游红色遗址。开展红色书籍阅读活动，并制作红色经典读书卡等。

（二）明志共精进

达成志向需要持之以恒的实干笃行，明志班建立"小组合作制"，还举办"传经送宝交流会""明志鲜师讲堂""师徒结对共进退"等帮扶活动。

每个教师节，家委会组织家长志愿者到校，以感念师恩为主题，开展花艺课、绿植课。还有家委到校参加班会课"探索世界的两种方式""职业生涯分享"，组织精彩丰富的亲子研学，如到潘鹤雕塑展参观、到印刷厂观摩书籍生产、做一天图书采购员等，孩子的成长，家长不缺席，亲子共精进。

四、班级效应：明志当自强

在明志班笃行文化的浸润下，明志学子把笃行理念融入生活实践中，踏歌而行，一路精进。在校、区、市各级活动中都展现出不俗的实力。明志班获校级奖项24项，明志学子获区级奖项25人次。明志班特色文化在年级里受到广泛关注，教师节的家长进课堂活动也辐射到全年级，带动其他班一起开展。亲子研学活动得到家长们的大力支持与好评，也将打造为附中的家校社区共建品牌活动。

<h3 style="text-align:center">案例：怀着一颗"恒爱"之心做阳光的"一班"人</h3>
广州市第九十七中学恒爱班级文化建设

一、关于恒爱

（一）恒爱由来

学校的办学理念是"构建生态型学校　培养阳光青少年"，学校赋予我们的班名"恒爱班"，"恒爱"的"恒"是"分享"和"奉献"，"爱"是"孝爱"和"包容"。

（二）恒爱班训

奉献　孝爱　分享　包容

（三）恒爱班徽

大海代表着包容，阳光代表着积极向上，海鸥代表着无论多大的风浪，一班人都会互相鼓励、积极向上、展翅飞翔。

二、建设恒爱

（一）分享

1. 班级发展标志——一班人

开学的第一周，全班就分小组制定了一班的发展目标和公约，并以小组形式上台在"人形牌"写下自己小组关于班级发展的目标关键词，并把"人形牌"制作成我们班的发展标志。

2. 共同制定班规——日常公约

小组也商讨了班级的日常公约，并以小组形式上台分享，再全班讨论摘取各个小组的精华，形成了班级的日常公约。

3. 分享与交流——小组日记和班级日记

为了日常能更好地分享交流想法，我们每个小组有一本小组日记，每天轮流写下自己的心情，下一位同学看了自己组员的日记，再进行分享。逐渐迈入青春期的孩子会出现不愿意跟父母沟通的情况，所以班主任每周写一篇"班级日记"发布到班级群里，为家长们提供与孩子沟通的更多的话题，使学生顺利度过青春期。

4. 分享学习经验——百花齐放

在日常学习中，班里同学也乐于分享自己的学习经验，各个科代表组织自己学科的不同的同学分享学习方法。例如，数学科代表组织"每日一题"活动，利用课余时间给同学们讲题，组织数学A层找"B层好朋友"的活动；历史科代表组织"分配一帮一"的活动；政治科代表组织"政治小组循环"背书的活动；班干部组织"分享学习经验"的班会，让各个科目的佼佼者在考试前分享自己的复习提纲……

5. 成立家委会——为班级出谋划策

我们班的家委会有12名家长，除了日常协助学校和班级工作外，还组织不同的活动让孩子们参与。例如，举办"拇指爸妈"系列大讲堂，组织孩子们参观山姆会员店，参观广东省博物馆埃及展、南越王博物馆的庞贝展，家长到学校一起做汤圆过冬至、做冰皮月饼过中秋、陪餐等。

（二）奉献

1. 班干部制度——人人有事做，事事有人做

根据班级文化——奉献，实施"人人有事做，事事有人做"的班级制度。班里没有班长，全班一共分为八个部门：宣传部、体育部、文娱部、生活部、劳动部、后勤部、学习部、监察部。入学不久，每个部门的部长进行"招兵买马"，同学们可以到自己有兴趣的部门去参加面试，部长们通过面试挑选适合部门的同学。每个部门的部长组织部门会议，向每位部员安排不同的工作，确保"人人有事做"。每个学期末进行"最优秀部门"评选。

2. 班容班貌——课室布置展文化

我们班的课室布置是由宣传部和学习部合力打造的，整个课室布置体现学科学习的特色，学习部先把班级的发展理念和公约变成英语卡通卡片，贴到班里的墙上和窗户上，时刻提醒同学们；由专人负责图书角定期检查，并更新图

书借阅排行榜，书柜里大量的英语原版小说和绘本，学生总能在里面找到符合自己英语水平的书籍；学习部还负责每天更新英语小黑板和成语黑板，每天多学一个成语和新单词；宣传部着重美化班级，画了50个不同特征的代表班级每个同学的小卡通人物，贴在储物柜上，表示一班包容着50个性格各异的同学，再组织同学们贴了50个掌印上墙，掌印上是对自己的美好祝愿，并围成了一个以"孝爱 分享 包容"为主题的同心圆。

（三）孝爱

1. 尊师重道——向老师们献爱心

除了在教师节既定的节日里表达对老师的敬爱外，在秋天干燥的日子里，同学们在创客课堂上自制唇膏，给饭堂的老师送爱心。

2. 孝敬父母——"厨神系列"

利用小短假，给父母做一道菜。于是班级里涌现了许多"小小"大厨，50道不同的"小菜""大菜"让父母为之惊叹，其乐融融。从一开始的"做一道菜"到"50元做一顿饭"再到"100元做一天饭"，系列"厨神"活动引起好评。

（四）包容

1. "尬舞文化"化疲劳

来到初中后，同学们肯定有不适应的地方，例如，扑面而来的学习压力、陌生的环境……但恒爱班的同学们因为有了"尬舞""唱歌"活动而正能量满满，课间自发在走廊里"跳舞""唱歌"，散发出欢声笑语。

2. "互相加油"向前冲

日常学习有大大小小的测验考试和每天不同的作业，在学生QQ群里，除了讨论学习上的问题外，出现得最多的就是互相加油打气的话语，温暖着每一位同学的心。

（1）阳光积极——力争上游，做最好的自己

同学们入学时不愿意参加活动比赛，后来听班主任分享了自己的成长经历，慢慢发展为有8个单位共17名同学参加了学校的英文歌大赛，11个单位共22名同学参加了学校的中文歌大赛。有的家长跟我说，孩子小学时连发言都不敢，现在却在同学的鼓励下勇敢地走上了歌唱的舞台。

校运会上我们斩获了45枚奖牌，包揽了精神文明一等奖和团体总分第一名。除此以外，我们积极参加学校的科技节、戏剧节、英语歌比赛、中文歌比

赛、学校的系列阳光之星评选等活动，虽然我们未必能拿第一名、一等奖，但我们相信，只要积极参赛，就是最好的自己。

（2）发挥英语特色——形成文化自信，吸收中西文化精华

我任教英语，我认为我们班的文化可彰显英语特色，根据英语学科核心素养，通过学习英语，加深对中华优秀文化的认同，形成正确的价值观，宣扬中华文化。我开设的系列中国传统节日英语班会：中秋节吃月饼猜英语灯谜、冬至煮汤圆、新年总结、庆祝农历新年、介绍清明节……利用英语课举办系列英语剧场、中国城市英语海报等。

四、班级文化建设应注意的问题

（一）要有文化意识

思想是行动的指南，有什么样的思想就有什么样的行动。建设班级文化的前提是要求班主任和全班同学要有文化意识，必须认识到建设班级文化很必要，认识到班级文化的重要作用。如果没有文化意识，思想上认为文化无足轻重，那么班级文化建设就无从谈起，就不可能建设一个良好的班级文化。

（二）要循序渐进

班级文化是班级全体同学在长期的学习生活中形成的。学生刚入校，性格各异，生活习惯各不相同，思维方式不一，要在一个集体中学习生活并配合得很好，短时间内难以办到。学生今天入校，明天或后天这个班级就很有文化，这是不可能的。文化建设要一步一个脚印，由表及里、由外到内、循序渐进地进行。先把表层文化建好，再考虑幔层文化，最后到深层文化。

（三）要全员参与

班级文化建设是大家的事情，不是个人的事情。这里的全员包括班主任和全体同学，班主任是班级的"行政长官"，他的一些思想会直接影响班级文化建设。有什么样的带头人，就会有什么样的团队。班主任思想开放，班级就不会很保守；班主任做事效率高，班级就不会很拖拉；班主任有大局意识，班级就不会很自私。如何实现全员参与，召开班级文化建设主题班会就是一个较好的"全员参与"方式。

案例：傲雪怒放，做最美的自己
——"梅花班"班级文化建设主题班会设计

一、设计背景

如何让学生变"要我学"为"我要学"，这也是班级长期要解决的问题。而班级文化特别是班级精神文化，是班级建设中的灵魂，如果缺少了班级精神文化的建设，则犹如"只见树木，不见森林"，无法触及班级文化建设的灵魂，无法实现班级自治的根本转型。通过调查并结合班级实际，与班干部交流商讨后，决定以"梅花"精神作为本班的班级精神文化建设，希望在"梅花"精神的引领下，学生能实现精神上的蜕变，自觉主动地为理想奋斗。

二、教学目标

认知目标：使学生认识并正确面对学习的压力，理解在人生各个阶段会存在很多"风雪"，唯有像梅花那样傲雪怒放，才能绽放最美的自己。

情感目标：树立自强进取的信念和信心，培养勇于承受压力的能力和乐观积极的生活态度，明白为理想拼搏和坚持的过程也是人生一笔宝贵的财富。

行为目标：能将坚持和拼搏的精神自觉地贯彻到自己的学习与生活中，在疲惫和松懈的时候，要能做到坚持拼搏，永不言弃。

三、教学形式

参与小活动、观看小视频、分享小故事、师生讨论。

四、教学准备

1. 课前调查，了解学生学习现状以及学习困难。

2. 确定学生总负责人，并准备纸、红黑墨水、绳子、小卡片、歌曲、视频等。

3. 教室布置：教室的桌椅被分别往两边靠齐，预留部分桌椅，将其成开放式状态摆放。

五、教学过程

教学环节	教师活动	学生活动	设计意图
导入："吹墨画梅"	1.明确主题，通过小活动"吹墨画梅"导入，建立对"梅花"的感性认识。 2.明确重点，确定本课教学重点：梅花精神为学习保驾护航	在A4纸上"吹墨画梅"，并在画上配上自己喜欢的关于梅花的诗句，从感性上认知梅花	1."吹墨画梅"的小活动能让学生们带着新鲜、兴奋感进入课堂。 2.老师顺势导入课题
课堂讨论：何谓"梅花精神"	小组讨论，运用头脑风暴的方式，归纳出梅花的精神：迎雪吐艳、凌寒飘香、铁骨冰心、坚忍不拔、不屈不挠、奋勇当先、自强不息、甘于寂寞、淡泊名利等	通过小组讨论的方式，归纳出梅花的精神品质	通过头脑风暴的方式，从感性上认识梅花外形的美好，并逐渐过渡认识到梅花精神上的高贵
课堂活动：蒙眼跨障	风雪越大，梅花越是傲然怒放，大自然中风雨莫测，其实人生路上又何尝不是充满风风雨雨，面对人生的风雪，我们该怎么办（由自然的风雪引导学生思考人生路上的风雪）	在讲台前摆三个障碍物，给3分钟时间让一个学生记忆和进行跨越，之后蒙上学生的眼睛，再次通过障碍物	通过小活动让学生亲身体验并引发思考：为何第二次通过时已经没有障碍物，通过者还小心翼翼前进
交流探讨：学习障碍在哪里	当我们第二次蒙眼跨障时，虽然障碍物已经不存在，但我们心中却有一个隐形障碍，让我们不敢尝试、不敢努力，其实生活中也是如此，在学习中我们大部分同学之所以停滞不前，也是因为心中有很多无形的障碍，正是这些"风雪"的阻碍，让我们不能像梅花那样怒放，做最美的自己	学生小组讨论交流：学习中遇到的各种困难，如缺乏信心，看到成绩提高不了，不敢尝试；学习无法坚持，三天打鱼两天晒网；明知不会，却不问，以至于不会的越来越多，丧失信心等	厘清学习中遇到的各种困惑，找到问题的关键所在：不敢面对困难，迎难而上，傲雪怒放

续 表

教学环节	教师活动	学生活动	设计意图
漫画赏析:《人生十字架》	引领学生回忆入学时,你和别人并没有什么不一样,一样怀着梦想进来,一样在适应新环境,最终是什么导致我们和别人有了质的差别呢(引导学生明白问题的本质在于无法坚持,缺乏自信)	欣赏漫画故事《人生十字架》,并思考无法跨越障碍的原因	引导学生深刻地认识在通往成功的道路上,只有坚持信念,吃别人不能吃的苦,干别人干不到的事,才能最终实现目标
观看视频:《永不放弃》	人的一生是漫长的,任何一个草率的决定,任何一次短暂的放弃,都会让我们离成功越来越远,面对人生风雪,我们唯有像梅花那样迎雪而开,才能绽放枝头,那么我们无法坚持是因为什么呢(引导学生明白在人生道路上坚忍不拔、自强不息、甘于寂寞的重要性)	观看视频,并思考布洛克把不可能变成了可能,它是如何做到的	让学生明白"宝剑锋从磨砺出,梅花香自苦寒来",敢于尝试、坚持,你才有可能获得成功,做最美的自己
诗歌朗诵:《卜算子·咏梅》	引导学生体味诗歌中梅花的精神内涵,并用梅花精神指导自己的学习生活,变"要我学"为"我要学",增强学习动力	集体诗歌朗诵,并把自己喜欢的梅花格言写下来,贴在桌子上	用梅花精神时刻勉励自己,坚持、坚持、再坚持;自强不息、甘于寂寞,唯有如此,待到山花烂漫时,你才能在丛中笑
课堂总结,合唱歌曲《一剪梅》	梅花香自苦寒来,没有人能随随便便成功,唯有像那一剪寒梅,傲立雪中,坚忍不拔、自强不息,才有可能实现自己的理想	合唱歌曲《一剪梅》	用歌曲升华主题

六、板书设计

迎雪吐艳、凌寒飘香、自我设障

铁骨冰心、坚忍不拔、解决害怕困难

梅花精神不屈不挠、奋勇当先、学习问题不敢尝试

自强不息、甘于寂寞、不敢坚持

淡泊名利、缺乏信心

实现理想（待到山花浪漫时，她在丛中笑）

七、课后反思

要将精神外化，并结合学生的实际学习状况来解决存在的问题不是一件容易的事情，所以在设计本节班会的时候，采用从感性认知到理性领悟，最终把梅花精神内化为学生的精神品质指导学生学习与生活，让学生在面对困难时能坚忍不拔、迎难而上、不屈不挠。从课堂效果来看，学生还是得到了一定的教育，特别是在蒙眼跨障和观看视频《永不言弃》的时候，有不少学生的表情发生明显的变化，似乎在积蓄力量。

当然，班级文化建设并不是靠一两节班会课就能解决的，它是一个长期的过程，而且制度文化、物质文化和精神文化三者相辅相成，缺一不可。所以，班会过后，可以把学生所画的梅花图和有关梅花格言用来装饰课室，转变成物质文化，用梅花精神时刻勉励学生，达到预期效果。

第三章

现代班级管理的发展走向

第一节　让现代班级管理走向民主

在传统班级管理情境中，班主任扮演着权威的角色，学生更多地充当着配角，班级管理缺乏民主的气氛，没有达到班级管理的应有之义。现代学生相比以前的学生思维更活跃，有明显的自主意识，更不愿接受过多外在的约束。因此，现代班级管理主张班主任要"适度权威，民主经营"——班级管理在纪律和权威的影响下，注重学生的主体意识，建立和谐平等的师生关系，建设民主型班级氛围，走进每一个学生的精神世界。

所谓的班级民主管理，实质就是要实现学生一定程度的个性自由和思想解放，确立学生的主体地位，为学生的主动发展创造条件，这实际就是"以德治班"，也是教育专家魏书生老师班级管理理念的直接体现。具体做法如下。

一、营造"心理自由"

良好的情感氛围是班级心理环境的重要因素，它诉诸人的内在情绪和感受，对学生有着潜移默化的感染作用，进而使全班成员表现积极而活跃、协调而融洽的特征。一个班级具备了"心理自由"的情感氛围，就会有自由选择和发展的空间，师生关系就会和谐、融洽，就会产生一种催人向上、向善的情境，使学生的个性品质得到提升。

二、尊重精神需求

在班级管理中，有些班主任经常站在成人的角度训斥、责备学生，致使在班级管理中存在"表里不一"的现象，即学生迫于权威表面顺从班主任，但内心却愤愤不平，致使班级管理失去了民主的意味。班级管理中还存在虚假的民主现象，班主任不能自始至终贯彻民主管理理念，更多地注重形式，导致学生的质疑与反感，无法真正参与到班级生活之中。作为新时代的班主任，不能限制学生的思想自由，压制学生的理性要求，束缚学生的精神发展，必须彻底打破固化思维，放下班主任的权威，全身心融入学生的生活世界。只有这样，才能逐步走进学生的精神世界，才能获得学生的认可，才能为班级民主管理提供充分的可能性。

三、保持通畅沟通

班主任要经常与学生对话沟通，及时把握班级发展动态。在对话过程中，班主任要坚持平等的、尊重的、自由的、开放的原则，真诚地、耐心地、深入地与学生进行交流。在班级管理中，班主任要多创造与学生倾心交流的机会，形成长效沟通机制，多听取学生的建议与需求，通过邮箱、微信、微博等多种渠道获取学生的反馈意见，对合理化建议进行采纳。通过这样的良性互动，为学生参与班级管理提供了有益的平台，开拓了全新的路径，促进班级管理的民主化进程。

四、鼓励合理竞争

在班级管理中，由于不当的举措，可能导致学生之间过度竞争，破坏应有的团结与协作，致使班集体凝聚力与向心力趋于弱化。民主的班级管理，鼓励合理的冲突与竞争，要求学生树立民主平等的观念，尊重差异性，鼓励多样性，注重提高学生的理解力，增强学生的耐受性。如积极开展学习竞赛、小组活动争先赛、班级问题辩论、班级管理仲裁等活动，通过制造适度的冲突与竞争，调动每个人的积极性、主动性与创造性，这有助于促进学生之间的合作、增进学生之间的信任，有助于班级管理事务的实施，契合班级民主管理的精神。

五、建构多维交往

班级是学生之间交往的良好媒介。学生作为独立的个体，有着交往的需要，通过交往能够展现自我的个性和社会性，在交往之中获得自我存在的价值与意义。在班级管理中，建构多维的交往方式是学生的内在所需。班主任要为学生创造民主的交往方式、环境及空间，引导学生确立民主的交往意识，培育学生民主的交往能力，将学生引入民主交往实践中。班主任要帮助学生掌握民主交往的方法，诸如学会倾听、学会微笑、学会表达，注重礼貌用语、注重体态语言、注重他人感受，能够包容他人、理解他人、体谅他人……尤为重要的是通过民主的方式，帮助学生确立民主的交往理念。依据学生的性格、气质、个性、爱好等，为其创造展现自我的平台，帮助每个学生在班级中找到属于自我的天地。

六、实行班级议事

我国在很早之前就开始使用议事制度，在中国古代，家族内部、部落之间甚至国家之间都会使用议事制度，用于讨论某些大事。这种制度经过时间的洗礼和沉淀，被认为是最能够体现集体智慧的一种事件决策方式。现代班级通过化用议事制度可以满足班级在管理方面的需求，也可以满足学生参与班级管理的民主需要，是班级民主化管理的一项重要举措。

（一）概念与意义

班级议事指的是班级集体对影响班级的重大事件进行集体讨论的一种事件决策方式。在讨论出结果之后，再将讨论结果付诸实践。需要特别强调的是，班级议事是针对所有学生的，必须体现出集体思想、践行民主精神。所以，班级议事本质上是集体进行的民主管理活动。

班主任在进行班级议事活动的时候，必须明确议事的主要目的。如果没有明确目的，那么议事的开展便没有分寸可以把握，有可能会出现讨论偏离初衷的情况。在这样的情况下，班级议事就不会发挥出真正的作用和价值，民主也就会变成伪民主。

（二）适用的范围

班级议事想要真正落实，就必须明确哪些班级事件需要"议"。

首先，要讨论的应该是有关班级未来发展的事件。比如，班级愿景，也就是未来班级想要发展成什么样；班级公约，也就是为了班级的更好发展应该遵循哪些制度约定；班级系列活动，为了实现班级的更好发展、达到班级的发展目的应该策划哪些活动，又如何策划这些活动等。

其次，和班级当下发展有关的事件。如：违反纪律问题的处理；学校组织安排的大型活动；班级当中新出现的问题以及社会热点问题等，这些问题的处理非常需要班级议事。

最后，针对个别学生的棘手问题。班级管理中一定会涉及对学生个体教育，如校园欺凌，对这些问题的解决需要加倍谨慎，因为这类问题危险系数比较高，若不谨慎，则可能会造成难以挽回的失误。

（三）遵循的原则

具体来讲，在班级议事的过程当中要遵循以下六个原则。

第一，守法原则。这是开展班级议事最基本的原则，国家的法规法律是每个人都要遵守的，只有在守法的前提下，学生的身心发展才能得到保障。

第二，平衡原则。班级当中学生以及教师的意见要广泛听取，所有人的权益都应该是平等的，只有让班级议事保持这样的平衡，班级议事活动的根基才能稳定，班级议事才能发挥真正的作用。

第三，制约原则。班级学生需要保留其中的一部分权力，而不是将所有权力赋予他们选出来的班干部。如果让所有权力都集中在班干部当中，那么班级活动的开展就极有可能受到班干部自身主观意志的影响。

第四，多数原则。全班的集体意志需要由多数人的意志作为代表，在进行决策表决的时候，应该少数服从多数，而且"多数"应该指的是超过60%的学生同意，才可以实施相应措施。

第五，讨论原则。所有的班级决策都必须经过全班同学充分讨论后做出。在讨论当中，所有人都有权利表达自己的看法，所有人都可以利用自己的表达能力去说服他人认同自己的观点。

第六，自由原则。这一原则要求学生的主体意识必须是自由的，即学生可以进行独立思考，自由地表达想法。

第二节　让现代班级管理走向自主

只有教会学生自己管理班级，才会有真正的自主管理；只有班级管理自主化，才有助于培养学生的各种能力，全面提高他们的综合素质。实行班级管理自主化，必须要实行真正的班级管理民主化，要做到让每个学生都参与对他人的管理，自觉地接受他人对自己的管理。具体做法有以下几个方面。

一、商定规则

严格而完善的管理制度是自主管理顺利实施的保障，而管理制度只有大家自觉遵守了，才能让班级管理走向自主化，否则制度或班规便会成为一纸空文。因此，形成规则、完善制度的过程就尤为重要了，既能体现学生的民主管理意识，又能促进学生自觉遵守班级制度。班级管理制度可以由班主任、班干部先提出初步意见，然后全班参与讨论，在讨论过程中让学生确立规则意识，明辨是非，分清美丑，最后参与民主表决，由全班表决通过。这样既让学生享受自己参与讨论班级管理制度的商讨过程，又有利于培养学生形成遵守班规的自觉性。①

二、无为而治

如何让学生从"自我"走向"自主"，如何让班级管理从"人治"转向"法治"，学生的责任感培养尤为重要。此时，我们需要让每个学生都有岗位，都有事做，也就是"人人有事做，事事有人为"。具体而言，我们要实行

---

① 蒋国冰. 让班级管理走向自主［J］. 教育教学论坛，2013（1）：5-6.

岗位责任制，尽可能地在班级管理中设置更多的小岗位。这些事情做起来虽然很小，却需要坚持不懈，学生能不厌其烦地坚持做好每一天的小事情，学生的责任感也就自然而然地得到了提升。

在此过程中，班主任最重要的工作是保护学生的主动性。奇妙的是，一旦建立了保护学生主动性的信念后，教育者表现出来的教育之道就是"无为"。因为只有真正做到"无为"，才能切实保障学生的"有为"。从某种意义上来说，在班级管理中，"无为而治"或许也是一种教育机智。

三、技术赋能

在"互联网+"背景下催生出的智慧课堂建设改变了传统的课堂教学模式，让课堂变得更具时效性和多样性，师生沟通变得更快捷方便。信息技术赋能于班级管理无疑增加了更多的可能性与学生的自主性。举例来说，信息技术应用于主题班会课，可在以下环节"赋能"。

（一）课前备课

班级互助小组成立后确定一位小组长，小组长负责组织成员讨论、分工并确定主持人，形成初稿后及时呈给班主任审核。这时，班主任要严格把关，如PPT（或视频）的内容、班会课的形式、发言稿、主持人的选择等，若问题不大则将需要改进的地方通过邮件的方式指出，若问题较大则可找小组长当面沟通进行修改。这样利用网络邮箱的方式，可以将零碎的时间利用起来，避免师生之间因时间和空间上的不便而带来的滞后性。

（二）课堂呈现

课堂上，班会课将交由小组推选出来的主持人主持，在互联网技术的支持下，主题班会课可以通过丰富的形式以及手段进行展现。例如，通过智慧课堂进行随堂心理测试；通过网络搜索播放视频；利用"问卷星"进行问卷调查分析数据；现场连线在外地的学长学姐等。班主任在这一过程中的主要工作就是拍照与录像，记录下学生的精彩瞬间，同时上传到班级QQ群相册中作为班级资源进行存档。在这种"我的班级我做主"的自主班会课中，干其他事的学生明显减少，学生参与度显著提高。此外，群相册里的视频也将为学习生活增添趣味，成为学生学习生活中共同的美好回忆。

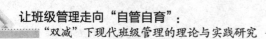

  主题班会课以智慧课堂网络平台为依托，更好地促进了师生、生生之间的交流与沟通，将传统班会课的模式从定主题到开展乃至反馈都进行了较大的翻转，让学生成为真正的主体，实现了自管自育。

第三节　让现代班级管理走向创生

"一流班主任，引领变化；二流班主任，主动变化；三流班主任，适应变化；四流班主任，被动变化；五流班主任，顽固不化。"这是对当下班主任现状的一种描述。

"创生"的意思是创造产生，生而成长，出自鲁迅《集外集拾遗》。"创生"的现代班级管理的助推者就是一位引领变化、主动变化的班主任。

班级是师生共同成长的平台，是集教育教学和个性发展于一身的有机统一体。关于班级、班级管理、班主任发展等方面的研究，有利于发挥班级教育功能，有助于立德树人根本任务的实现。每一个班级就仿佛一个小小的生态系统，有着自己风格迥异的运转规律，班主任在管理过程中需要充分发挥主体性和创造性，有针对性地开展班级管理工作，这就是班级管理的"创生"取向。

一、创生是班级管理的内在需求

首先，教育的风险性、不确定性使创生成为班级管理的需求。荷兰教育哲学家格特·比斯塔在《教育的美丽风险》一书中提出，教育总会包含风险，因为教育是人与人之间的相遇，教育的"输入"与"输出"不是机器模式化的完美生成过程，而是有其本身的教育之弱，即教育的过程一定是存在风险的，一定会出现计划之外的事情或结果。相比学科教学，班级管理更加凸显育人目标。教师总是身处复杂的、特定的教育情境中，所面对的是班级里一个个活生生的、有着不同经验、丰富情感和个性差异的人。这就需要教师在班级管理过程中坚持实践创新取向，能够根据情况不断调整策略，采取恰当的即时行动，以应对工作的风险性和不确定性。

其次，国家制度和法规赋予了班主任在班级管理方面创生的权力与责任。

2009年教育部印发的《中小学班主任工作规定》，对于班主任的工作任务提出了方向，但并没有对学生培养、班级建设做出具体规定，学校也并未要求各班级统一管理内容和方式，这实际上给予了班主任"因班制宜"开展工作的空间和权力。班主任拥有自主带班权力的同时，也承担着班级管理的重大责任，要想实现班级育人的功能，促进班级学生更好地成长与发展，需要作为责任主体的班主任发挥自觉性、主体性、能动性和创造性，以此协调和整合各方资源，使班级管理达到适切的效果，这便是创生的过程。

二、走向创生的班级管理的内涵

北京师范大学卢立涛、韩会双教授认为，以创生为特征的班级管理，主张班主任要根据本地本校本班的实际情况、自己的知识经验和能力优势、学生的个体情况、教育目的等自觉地、能动地、创造性地变革班级管理的各方面，如班级文化、班级制度、班级活动、育人共同体合作机制等，以达到促进学生全面发展的教育目的。其核心思想是班主任在整个班级管理过程中充分发挥主体性，并以此为基础，引导、培养和提升学生在班级管理中的主体性。

以"创生"为特征的班级管理能够实现学生全面个性发展和班主任专业成长的有效融合。首先，教育的目标是促进学生的全面个性发展，这也是"双减"的核心目标。班级管理创生要基于班级学生的特征和情况，以促进学生全面发展为目标进行合理的创生。其次，班主任作为班级管理的重要领导者和组织者，其个人的成长发展与班集体的发展、学生的发展是融合在一起的。班主任进行班级管理创生，也是在发挥个人的自觉性、自主性、能动性、创造性和反思性，这本身就是激发个体潜能，促进个体发展的过程。而且，班主任面临着更为复杂、多样、变化的问题情境，这对于班主任的判断力、领悟力、决策力和执行力都是较大的挑战，亦是成长的修炼。

三、走向创生的班级管理的条件

"创生"是班主任开展班级管理工作的实践取向，为此，需要为班主任提供创生的条件。

在制度设计方面，学校要为班主任班级管理创生提供支持的环境和条件，为班级发展"留白"，而非在学校精细化、满当当的安排下"夹缝生存"。在提质增效上，班主任的班级管理创生要与已有研究成果相融合。在实际工作中，很多班主任对"促进学生全面发展，落实立德树人根本任务"耳熟能详，但对于"怎样才算是全面发展"往往只有个人朴素的理解，开展工作也多基于个人经验。对于班主任而言，已有理论研究成果和实践探索成果的学习，能很好地为自己的班级管理工作提质增效，并且有利于打破个人的局限性、封闭性和经验性，为班级管理创生提供支撑，打好班主任实践性知识的底色。

从长效发展看，班主任要有持续创生的意识和行动。班级管理过程本身就是动态发展的，需要班主任不断进行适性的创生，从而获得职业上的成就与幸福。学者宫宝龙、刘慧霞在其构建的"教师入职关系与其生产性及消费性之间的关系"中提到，随着入职时间的推移，教师的成长路径开始分道扬镳，一类教师在胜任教学的基础上，始终满腔热血地进行创造性活动，在年复一年的主动生产中，享受创造的乐趣，成就学生和自我；而另一类教师会逐渐趋向于与外在评价保持高度一致，使自己进入安全职业领域，时而有创造，但更习惯于消费已有知识和经验。从长远发展来看，第一类教师趋向于优秀教师的专业发展路径。只有立足班级情况，保持持续创生的意识并开展行动，才能使班主任突围工作困境，实现职业上的较好发展。

第四章

打造德育新样态：
"自管自育"

第一节 "自管自育"的概念理据

一、"自管自育"的概念

在日常班级管理过程中，我们经常经历这样的场景：任课教师在班上时，班上十分安静，学生都在认真做作业，可谓纪律严明；可是等教师一离开，教室立刻炸开了锅似的，有做小动作的、有说闲话的、有打闹的，热闹非凡。之所以出现这种情况，很大原因就在于学生处于被动式学习状态，学生在学习上缺少主动性、积极性、自觉性，也就是缺乏自主管理、自我教育的能力，教育环境过于松散、凌乱或严肃、紧张，学生的心境与情绪都会受到影响，接受教育的效果就会随之下降。

教育家魏书生老师说过，班主任工作是一门艺术，是充满快乐的一种境界。如何提高班级的管理效率，实现快乐的境界，我们认为，学生能够"自管自育"，是把班主任从繁杂的日常管理事务中解脱出来的有效途径。

"自管自育"是自我管理、自我教育的简称。自我管理（self-management），可以视为与自我的关系管理，就是指个体对自己本身，对自己的目标、思想、心理和行为等表现进行的管理，自己把自己组织起来，自己管理自己，自己约束自己，自己激励自己，自己管理自己的事务，最终实现自我奋斗目标的一个过程。自我管理的实质是启发、引领、鼓励学生自我评价、自我调控、自我实现；其目的是使学生学会生存、学会学习、学会创造，培养学生的社会责任感。自我教育要求教育者按照受教育者的身心发展阶段予以适当的指导，充分发挥他们提高思想品德的自觉性、积极性，使他们能把教育者的要求变为自己努力的目标。①

当然，自我管理不是自动管理，它需要以教师管理为前提，自我教育不是自动教育，它需要教师的指导和引领。

二、"自管自育"的理论依据

（一）人本主义理论

人本主义理论是20世纪60年代在美国兴起的理论。该理论主要强调人的作用，重视人的情感因素。新时代的教育改革中，用人本主义理论来指导教育的实践，具有重要的作用，而民主平等的师生关系正是人本主义的一种体现。

（二）素质教育理论

素质教育要求在教育教学过程中教师要尊重每一位学生的权利，要使每一位学生都能得到全面和谐的发展。因此，素质教育在反映师生关系上，强调师生之间的民主、平等。

（三）协同发展理论

所谓协同发展就是指协调两个或者两个以上的不同资源或个体，相互协作完成某一目标，达到共同发展的双赢效果。协同发展理论已被当今世界许多国家确定为实现社会（包括教育）可持续发展的基础，就如优胜劣汰理论一样，是自然法则对人类的贡献。

（四）积极教育理论

积极心理学是马丁·塞利格曼提出研究人类在力量和美德等积极方面的心理学理论。他认为人们的积极心理源于三个方面：幸福感、沉浸体验、希望和乐观。结合教育实践，学生如果可以发挥自身学习的潜力，突出自身多种优点，心理需求得到满足，获得最大限度的成长空间，便可能获得幸福感，并把积极的情感体验转化为实际行动，从而形成"体验—行动"的良性循环，促进学生自主发展。

---

① 胡晓青.自管自育：现代班级管理新机制 ［J］.中国校外教育，2019（34）：46-47.

三、"自管自育"体系的构建

学校管理本质上是一个"人—人"（即"教师—学生，学生—学生，教师—教师"）系统，系统内部各要素互动，我们不能只关注"教师—学生"，而不关注"学生—学生"和"教师—教师"。现代管理理论特别强调把学生的发展作为重要目的，并积极地创造条件，促进学生的发展，不断地提升学生自身的地位，这是我们确立的核心理念。在学生管理上要做到"管是为了不管"，让学生自己来管理，即"自管自育"。

该管理体系的建构主要包括四个层面：一是班级层面，构建班级组织结构，建立健全各项规章制度，实行班干部轮换制，开展丰富多彩的序列教育活动，推行学生发展性评价方略等；二是班主任层面，转化角色，转变职能，和学生成为平等、民主、和谐的关系，成为班级管理的组织者、引导者、合作者，但又不能放任自流，在班级建设和活动组织过程中充分发挥主导作用；三是学校层面，实施"扁平化"管理，校长及各科室应拉近与学生的距离，接近学生、了解学生、帮助学生、鼓励学生、发展学生；四是学段层面，建立区域内中小学相衔接的自主化管理机制。

笔者工作过的学校广州市南武中学是一所百年名校，多年来，学校德育管理工作已经打下了很好的基础，积累了宝贵的经验。我们依照《国家中长期教育改革和发展规划纲要（2010—2020年）》确定"自管自育"德育理念的同时，继承学校德育工作的光荣传统，提升宝贵的德育经验，形成"自管自育"德育系列内容，建立健全"自管自育"德育网络，搭建"自管自育"德育工作平台，建构学生"自管自育"德育体系。我们不断把"自管自育"德育理念推行到实践活动中，在活动形式上进行创新，让学生在参与学校管理以及自我道德教育中体验学校德育，提高道德修养，提升能力素质。某校"自管自育"德育体系示意图如图4-1-1所示。

学校构建的"自管自育"德育体系包括：以学生的终身发展为目标，以学生自主能力的培养为重点，以学生的自我教育、自我管理、自我评价为内容，开展学校德育工作新的实践与探索，从而让学生思想上自主，行为上自控，生活上自理，学习上自学，给学生选择的自由、表现的机会、评价的权利、创造的空间，使学生张扬个性，通过自我教育和自治管理实现自主发展。[①]

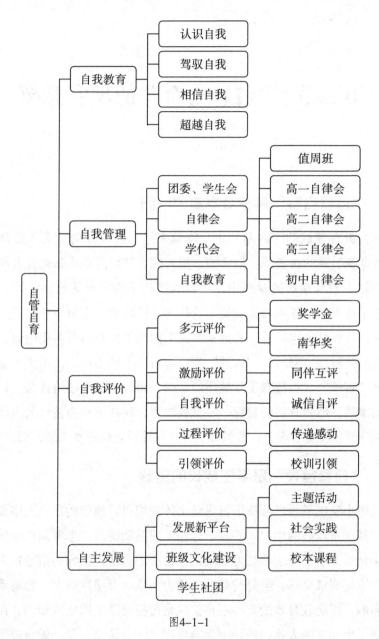

图4-1-1

① 胡晓青.自管自育：现代班级管理新机制［J］.中国校外教育，2019（34）：46-47.

第二节 "自管自育"的现实意蕴

一、"自管自育"是教育本真的回归

当下，教育领域的"内卷"正变得越来越严重，特别是义务教育阶段学生"军备竞赛"式的拼资源、拼实力、拼时间，教育的本质和初衷愈渐模糊，全社会笼罩在教育焦虑的氛围中。"双减"政策的出台落地，维护了教育公平，推进了教育治理体系与治理能力现代化。该政策一方面缓解了学生和家长的学业负担与教育负担；另一方面从源头上扼制了教育的资本化倾向，让教育回归教育的公益性。同时，"双减"教育政策的重磅出台，打出了恢复教育生态的精准"重拳"，将教育主阵地还给学校，将教育公平还给社会，让教育回归教育的本质，回归真正的教育——自我教育，让孩子成为教育的主体。"双减"，引导学生自主管理、自我教育、自主发展乃是教育本真的回归。

二、"自管自育"是学生成长的需要

当代中小学生最明显的特征首先是主体意识强，他们的独立人格要求被社会尊重；其次是他们的生理、心理、思想上成熟期提前，思考问题倾向于成人化、社会化；最后是处于瞬息万变的信息社会中，他们接收的信息量大，交往范围广，迫切要求交际，但分辨是非的能力不强，可塑性较大，容易受到多种因素的影响。因此教育者的重心不再仅仅是传授给学生固定的知识，而是更加注重塑造学生完美的人格，使学生学会生存、学会认知、学会做事以及学会共同生活。"自管自育"能创造一种亲切的、自由的、和谐的教育环境，这种环境更有利于对学生的教育，符合学生成长的需要。

三、"自管自育"是教师减压的途径

长期以来，广大中小学班主任总是留给大家起早摸黑，事必躬亲，终日琐事缠身，疲惫不堪的"老黄牛"形象，甚至有报道称，教师属于亚健康群体，教师的平均寿命偏低等，由此可见，教育工作之繁重与艰辛。然而，如果教育的成败和学生的进步要用教师的健康甚至生命来换取的话，我们认为这是不可取的。在全面落实"双减"之后，学生与家长得以"减负"，可教师，特别是班主任的工作量却因此增加。怎么办？"自管自育"模式的推行，在一定程度上实现了"解放老师"，或可减轻教师不小的压力。只有解决教师的后顾之忧，才能让他们心无旁骛地投入工作。

四、"自管自育"是学校管理者的现实呼唤

如今的学生管理者普遍反映学生难以管理，投入的时间和精力很多，但学生身上的问题还是接连不断，于是班主任成了"消防队员"，整天"忙于救火"，疲于奔命，苦不堪言。其实，面对一群朝气蓬勃、具有挑战性和叛逆心理的学生，仅用呆板的校纪校规和"千班一面"的管理模式去管理他们、约束他们，自然不会取得什么好的效果。

因此，从某种程度上来说，"自管自育"或可实现为全员赋能，当然也包括家长在内。

第三节 "自管自育"的创新价值

"自管自育"立足学生自主管理与自主教育，学生自主参与活动，教师只是活动平台的搭建者和协调者，为学生提供方法指导，让学生在自发自主的活动中自我管理、自我教育、自我验证、自我提高、自我升华、自我服务。其创新价值体现在以下几个方面。

一、"自管自育"指向教育的最高境界

教育的最终目的是学生的发展，是学生自我教育的实现，也就是学生主体意识的觉醒。班主任从学生的内在需求出发，通过优化道德教育情境，广泛开展以学生自主管理为着眼点的教学活动，充分发挥学生的主体作用，让学生自主管理班级和学校事务，在自主参与和自我管理中体验到道德与自身成长的关系，自觉履行责任、自制、真诚、公正、合作、宽容、友爱等价值观，同时使自我管理和自我教育能力不断提高，真正成为人生的主人。

二、"自管自育"完善"德育一体化"育人体系

一体化建设新时代是推进中小学德育工作的基本理念。教育部《中小学德育工作指南》中明确指出，"落实立德树人根本任务，着力构建方向正确、内容完善、学段衔接、载体丰富、常态开展的德育工作体系"。"自管自育"德育体系研究是针对德育目标的学段衔接、实施途径的统筹规划、德育管理的整体设计等方面的现实问题，采取一体化建设的方式，构建中小学序列化研究目标，统筹德育实施途径，在时间上，体现全程育人；在空间上，体现全方位育人；在载体上，体现全课程育人；在管理上，体现全员育人的德育新格局，从而进一步完善了"德育一体化"育人体系。

（一）明确德育内容，能为学生点亮"自管自育"的航灯

建立"自管自育"体系是德育工作科学化、规范化、特色化的表现。学校结合社会发展、学校管理和学生实践，形成自管自育的德育系列内容，能为学生点亮"自管自育"的航灯，引导学生"在多元中树主导，在多样中谋共识"。

（二）编织德育网络，能为学生拓宽"自管自育"的途径

以前学校德育实效性不强，一个重要原因是德育工作是"德育处—班主任"的单一线性模式。针对这一问题，学校将着力建立学校、社会、家庭"三位一体"的育人体系，使学校"自管自育"的途径立体化、网络化，形成育人合力，提高了德育的实效性。

（三）创新德育模式，能为学生搭起"自管自育"的舞台

德育认知只有在德育实践中才能逐步内化为道德习惯与信念。学校将改变说教、灌输、训诫为主要手段的育人模式，为学生搭起"自管自育"的舞台，让学生在各种德育活动中自我设计，自我组织，自我经历，自我体验，自我感受，自我认识，自主思考。

（四）挖掘校园文化底蕴，能为学生开发"自管自育"的课程

广州市南武中学以具有深厚文化底蕴的"八字"校训为主题，注重将优良传统与现代教育理念相结合，开发了能示范、有影响、独具南武魅力的"自管自育"德育系列课程，创建独具特色的德育文化，展现学校独特的精神风貌。

"自管自育"德育实践证明，只有凸显学生的主体性，实现学生自管自育的德育，才是有实效的德育；只有凸显实践性，强化学生道德体验的学校德育，才是有活力的德育；只有凸显学生的自主性，为学生提供广阔的发展和选择空间的德育，才是有品位的德育；只有坚持贴近生活、贴近实际、贴近学生的德育，才是有魅力的德育。

第五章

"自管自育"的实施途径

  "自管自育"德育体系以学校、班级、小学三级学生自律会管理体系为骨架，以值周班、学代会、学生社团等平台建设为载体，通过落实"自管自育"德育系列内容，从而完成学校的宏观、中观和微观管理，实现学校的有序与和谐，促进学生可持续发展。本章以广州市南武中学为例进行分析。

第一节 "自管自育"在小组

一、建构"小组自管自育"模式

班级管理的有机结构的建构，目的就是发展学生全员参与的积极性，让班级组织结构内人际互动、知识分享多维化和最大化。这种建构要以学生自我意识、自我管理意识的发展为主要目标，使学生在与班集体、团队以及其他学生互动的过程中获得自主和合作能力。

在管理实践中，笔者在班级首先建立了学习合作小组，而这些小组按照成绩平均分配组员，以小组的形式参与班级所有活动。经过学生自主商讨，每个小组都有自己的名字。在班级制定班规的过程中，每个小组组员全员参与规则的制定与实施，先以头脑风暴的形式提出存在的问题，然后每个小组组员提出相应的意见或建议，最后表决通过。这样的模式彰显了班级的公平和民主，学生们也乐于参与，同时也能积极维护自己制定的班规。这种模式将决策过程采用分权化，不是班主任或班委来定，而是全部同学共同参与制定，体现了低集权化的特点。

二、"小组自管自育"模式的作用

（一）资源共享

在"小组自管自育"模式下，各小组之间互相支持、互通有无、共享资源。比如在某次模拟考试前，笔者给每个小组布置一个任务：每个小组给自己设定考试目标，并且小组内合作备考，实现小组整体成绩最大化提升。在复习的过程中，小组内在学科学习上有优势的学生负责整理考试的重难点、易错点，然后印发给小组组员复习，小组组员有不懂的地方，组内成员及时给予热

第五章
"自管自育"的实施途径

情的帮助。这样，在整个班级就掀起了一股小组集体备考热潮，考试结果自然十分理想。

（二）合作互动

德国哲学家齐美尔在关于社会网络关系的研究中指出：个人与群体之间的关系具有双重性，即一个人加入一个群体时，受到群体约束，建立起了个人和群体的社会网络关系，个体不仅成为网络中的一个点，同时也产生了与群体不可分解的关系。由此可见，个体之间互动存在两个维度，个体与个体以及个体与群体的互动。同样地，作为组织的班级形式，也存在不同的互动形式，有个体之间的互动、团体之间的互动以及班级全体成员之间的互动。而对于"小组自管自育"模式的互动，则体现为组员之间、组与组之间的互动。

在实践过程中，依据不同学生的特点，展开结对与合作，形成同伴互助的关系，这让不同特长的学生之间合作更具有丰富性，拥有不同资源和信息的学生之间实现资源与信息的共享，还能让学生携手完成学习任务。比如，在班会课上，让组内成员间开展批评与自我批评；在布置作业后，让小组内的学生互相批改作业；在考试前，让组内学生互相出题并批改等。实践表明，这些做法增强了个体之间互动的积极性及互动效果。

（三）自我管理

"小组自管自育"模式是促进学生自我管理的一种策略。班长、学习委员、小组长等职务不固定，而是面向所有学生开放，每个学生都有机会担任，由学生自荐或班长组阁后组成管理团队进行班级自我管理。这种策略在初步实施时仍存在一定的问题，比如，自律性差的学生无法管理自己，遑论管理班级；有些自律性好的学生性格内向，出现不敢管理、不愿管理的现象等。为应对这些问题，班级进行多次班会，从小组内转向全班讨论，把管理办法再具体细化，并且实行小组团队绑定评价，一段时间下来，整个班级的学生自我管理能力得到了进一步的加强。

在"小组自管自育"模式的实践下，学生个体的自主能力得到增强，班主任的工作负担得到减轻，"一增一减"中形成"双赢"的格局。

示例：班级"自管自育"的十个教育细节

1. 当一个活动有多项任务时，允许学生自己从中做出选择。比如为准备校运会的开幕式，需要道具、服装、音乐、台词等，先对每个部分需要的东西做详细的说明，然后供大家根据自身的经验及条件选择任务。

2. 当活动中的某些环节不是关键环节时，让学生选择决定如何实施此过程。任何选择，无论大小，对学生自主感都有益无害。选择在班级中有权威的同学组织大家一起讨论，增强学生在班级的存在感，在潜移默化中提高自主性。

3. 只要有可能，就给学生提供机会，让他们决定完成任务的时间、顺序。当面对选择和决定时，要求学生做出承诺。正是这种承诺会产生自主的内在动机行为。

4. 营造安全的心理环境，在这种环境中，学生愿意冒险做出决定。不安全感和缺乏自信使一些学生难以做出选择。保护学生不受他人的嘲弄和批评，提醒他们有错误是学习过程中必须而自然的一步，这有助于营造一种心理安全的课堂。在活动中及时与学生沟通，发现问题及时引导学生，尽量用鼓励的方式使学生认识到问题并及时调整。

5. 当学生的行为必须受到限制时，多花些时间对受限制的原因做出清晰且富有逻辑的解释。"因为我是这样说的！"这样的回答远远不够好。

6. 当行为受限制时，承认有冲突的情感。承认有冲突的情感会让学生知道，他们的思想和情感被理解。有时候学生承担的任务较多，我会很体谅地说："这段时间比较忙，辛苦你们了，但是我们的辛苦没白费，都达到了我们最初想要的效果，你们很棒！"

7. 当必须要求或限制行为时，有效的控制要限定在最小范围内。当必须要进行外部控制时，使用尽可能少的控制，同时增加学生最终认同限制或要求的必要性，这能帮助教师实现目标。

8. 当因一个学生的行为让活动难以进行时，使用符合逻辑的结果而不仅仅给予惩罚。因为逻辑结果强调社会秩序的现实，而不是教师的个人权利。通过帮助学生对自己的行为负责，逻辑结果增强自我决定意识的可能性更大，而惩罚把这种责任放在教师身上。

9. 只要有可能，鼓励学生使用个人目标设定的方法来界定、管理、实现自我决定的目标。通过让学生自己控制志向和行为，帮助学生憧憬并确定可实现的目标，可以增强学生的内在动机，促进学生的主动发展。

10. 尽量避免因学生的行为而给予"对错好坏"的评价，而是让他们对自己选择的结果负责。当学生为选择的结果负责时，他们学会评价这些选择，而不是被评价或被贴上标签。

第二节 "自管自育"在班级

让学生做班级管理的主人，培养学生自我教育、自我管理是班主任进行班级管理的出发点和落脚点。在这方面，班主任应发挥自己的创造性，凝聚班级学生的集体智慧，创造出行之有效的模式。其中，班委的配置十分重要，班主任在班集体建设中起主导和统率作用，扮演好"导""扶"角色，克服"以班主任为中心"的意识的弊端，确立相信学生、依靠学生、支持班干部管理和为学生服务的思想。这样，每个学生都做管理者，班级的每个学生都有人管理，每件事都有人负责，做事的全过程都有人管理。同时还可以更多地实现由他律到自律的转变，使其责任心和自觉、自制的品质得到发展。

一、我的班干我自选

班干部是一个班级的骨干，是班主任的得力助手。一个班级管理、建设的好坏，往往与班级干部力量的强弱、发挥作用的大小有很大关系。因此，精心选拔和培养干部是实现学生自我管理、自我教育管理模式的基础。确立了班级的中坚力量，对班级的建设发展相当重要。

选拔班干部需要有一个了解的过程。可以通过教育活动、班级事务、日常学习生活等各种途径进行了解、选拔班干部。在活动中增进师生、生生之间的相互了解，在活动中发现人才，从中选拔那些关心集体、团结同学、积极热情、办事认真、愿意为同学服务、有一定组织能力和特长的同学担任班干部。班干部的选拔方式也是灵活多样的。重新分班后，同学之间、师生之间还没有相互了解，在这种情况下，可以借助学生的档案材料，根据学生以前担任班干部的情况，通过任命的方式来选拔班干部，保证班级工作的有序进行；经过一段时间的交流交往以后，感到师生、生生之间都有了一定的了解，采用竞选或选举的方式产生班干部。采用这种方式选拔班干部，有利于调动学生参与班级管理的主动性和积极性，增强班干部的责任感和荣誉感，有利于班级管理和建设工作的进一步深化与发展，实现班级的管理目标和发展目标。

班干部选拔出来以后，要对班干部进行系统的培训，使班干部明确自己的职责以及应具备的基本素质和能力。对班干部的培养，不仅要使班干部明确班级的管理工作应该做什么，更重要的是要培养班干部懂得怎样管理班级，如何开展工作。首先应当指导他们确立班级发展的总体目标，因为有了目标，学生才有努力奋斗的方向，才能沿着已经确定的方向不断取得进步；然后指导班干部根据班级发展的总目标具体制订每个学期的工作计划；最后指导班干部坚持按照班级工作计划的要求，认真开展班级的管理工作；并且要在工作方法上给予他们适当的指导。另外，还要帮助班干部正确处理好班干部与同学之间、班干部与教师之间以及工作与学业之间的关系。总之，要培养班干部独立思考和大胆工作的能力，不断增强自我管理、自我教育的意识；培养他们从严要求自己、以身作则的工作作风和团结同学、为同学服务的精神。

二、我的班规我自定

首先，在班级管理中给学生留出"空间"，是要留给学生决策的"空间"，让学生参与决策，这将极大地调动学生管理的主动性。班主任和学生干部经过民主协商制定班级制度，再征求其他学生的意见进行修改。另外，要给学生留出管理的"空间"，让学生参与班级管理，让学生既是受教育的对象，又是教育自己的主体。

其次，要充分利用集体力量进行有效的检查督促。制定了管理制度，就要组织力量进行有效的检查督促，否则，制度就将失去实际意义，成为一纸空文。在检查督促的过程中，最有效的方法就是要充分调动学生的积极性，正确指导学生进行自我检查、自我督促。班主任主要是当好"参谋"，抓住并解决主要问题，日常工作可以大胆地让学生去管理，让学生真正成了管理自己的主人。

最后，要严格要求学生，使班级管理制度成为自我管理的行为规范。用制度规范学生的行为，是一个复杂艰难的过程，是一个从不自觉到自觉的认识过程。其中学生的思想教育事关重大，不可忽视。所谓严格要求学生就是对学生的缺点和错误及时进行教育。要让学生多进行比较、批评与自我批评，不断地调整自己的思想方式和行为习惯，从而达到自我管理的目的。

三、我的班务我自理

传统模式中，班主任是班级事务主义者，工作繁忙，为各类琐事筋疲力尽，处于忙碌却又"无为"的状态。似乎只有班主任工作勤、苦、累，才能管理好班级。而在"自管自育"教育理念下，班主任必须主动走到幕后，教给学生管理的方式方法，为他们把握正确的方向，帮他们出主意、想办法，总结经验，反思总结；尽可能地多给每位学生提供锻炼和展示的机会，使人人都能感受到自己在班级中的价值以及班集体的温暖。学生个人量化评定制度和班级内部小组合作管理制度是推动自管自育的很好保障机制，具体做法为：入学初，班主任和学生一起制定"学生个人日常行为量化制度"和"小组合作管理竞赛制度"，制度内容包括对出勤、学习、纪律、卫生、仪容仪表、眼操、课间操、升旗礼、好人好事等方面进行量化考核。为了落实好制度，学生自荐或票选出5位固定的值日班长，负责星期一至星期五的考核评价，星期五统计总结。一周内得分最高的值日班长将在下周班会上做经验分享，并在事后给其家长发贺信表扬；表现最差的或退步的值日班长需要写反思说明书，做口头阐述并贴于班级公布栏。所有的量化打分作为学生评优、入团和调位的依据。这样，小组内"自我管理、自我教育"蔚然成风，真正做到了"我的班务我处理"。

四、我的问题我掌控

大多数班级或多或少会出现几个较为"特殊"的学生，他们或是"多动症"，或是"家庭离异者"，或是"行为不端者"，或是"网瘾少年"，或是"学生事件的挑动者"，或是"师生对立的发起人"……我们通称这些学生为"问题学生"。"问题学生"数量不多，但影响力很大，如果管理不得当，很可能使一个班级成为乱班，使班级文化建设、班干部队伍建设、学生自管自育等理想都成为泡影。而在"自管自育"教育理念下，要培养班级学生"生生管理、生生教育"的能力，要求班主任要善于发动班级学生做"问题学生"的思想工作。让人感到欣喜的是，偶尔让学生做学生的思想工作，效果比班主任或其他教师好。

当然,特殊"问题学生",仅依靠班级学生无法成功转化或教育,班主任应该通过不同途径达到教育的目的:通过家长、亲友等了解个性特征,抓住机会,及时引导和帮助,动之以情,晓之以理,点燃他们的心灵之灯,达到自我修复转化的目的;通过给予特殊学生特别的关爱,用宽容、谅解赶走他们心灵的乌云;用欣赏、激励消除他们的自卑;用师爱、期盼修补他们心灵的困惑。

当然,"解铃还须系铃人",若能让学生在教育过程中自己发现问题、解决问题,效果会更好。"问题学生"得到控制,班级"自管自育"管理工作才能有效开展。

五、我的活动我做主

传统的班级管理中,学生活动由学校或班主任制定,参与的学生不多。而在"自管自育"教育理念下,班团委不但结合班级学生的特点,设计丰富多彩的班级比赛活动——如篮球赛、羽毛球赛、乒乓球赛、踢毽子赛、歌咏赛、讲故事比赛等——而且主动牵头组织学生参加学校的科艺节比赛、社团活动和假期"五个一"(读一本好书、学会一项技能、当一周家庭小主人、做一份社会调查报告和参加一次社会实践活动)等系列活动。这些活动力争做到面向全体学生,带动全体学生结合自己的特点积极参与,让每个学生都能找到适合自己的发展空间,使许多平时默默无闻、成绩不是很优秀的学生脱颖而出。一些性格比较内向的学生通过锻炼,不仅能够主持班会,而且自愿担任授课小老师;一些缺乏自信的学生通过锻炼,不仅信心十足,还能主动帮助其他同学。一个个事实足以证明,活动中的鼓励与肯定成为自我教育的动力,推动学生不断努力,不断向新的更大的成功迈进。

第三节 "自管自育"在学校

学校管理头绪多且繁杂，完全依靠班主任、级长、下级领导等是不够的，仍有可能出现顾此失彼的窘态。为确保落实学校管理目标，培养学生自主发展的能力，学校成立"学生自律会""力学家油站"，开启从学生到家长参与学校管理的"自管自育"管理模式。对学生一日的情、意、行进行自我管理，不仅使学生学会认识自我、教育自我，还能使学生个体走向成熟，由依赖走向独立，有利于提高他们的综合素质。

一、自律会

自律会是一个学生自我服务、自我管理、自我教育、自我约束的学生自律性组织。该管理体系是"自管自育"德育体系的核心部分，主要由学生会、团委和社团干部自主运作。在学生自治管理体系中，学校学生自律管理委员会是核心和枢纽，每个年级、班级也有管理委员会，完成年级和班级的日常管理工作。

二、值周班

值周班是"自管自育"德育体系的主要载体之一。通过组织各个班级的学生，全员佩戴"值周班"袖章上岗，负责一周的学校值勤工作（主设六大岗位：大堂值勤、饭堂值勤、图书馆值勤、荣誉升旗手、十项常规评比、值周班小结），培养学生的主人翁精神和自主管理能力，强化行为规范的检查和评比，加强学校的常规管理，实践学校"自管自育"德育理念。

三、学生社团

学生社团是学校"自管自育"德育体系的核心载体之一。在提升学生综合素质，丰富学生课余校园生活，陶冶学生情操，培养兴趣爱好等方面提供了展示智慧和才华的广阔舞台，在拓展校园文化建设、践行学校"自管自育"德育理念等方面发挥着巨大作用。

四、学生代表大会

学生代表大会（以下简称"学代会"）在学校"自管自育"德育体系中占据十分重要的地位，已经成为学生成长成才的重要载体。学校坚持每年召开一到两次学代会，会议议程几乎完全模拟人民代表大会，围绕"自管自育，拓展潜能""自管自育我能行""自管自育我成长"等系列主题，代表们代表各自班级参加。会议议程有汇报本学期工作报告、宣读下学期工作计划、分组讨论、大会审议、无记名投票选举、代表提交议案等，均由学生独立参与。学代会充分发挥了联系学校和广大学生的桥梁纽带作用，广大学生自我管理、自我教育、自我服务，以主人翁的姿态参与学校管理，为学校发展建言献策，不仅提升了学生的素质和能力，也营造了秉承优良传统、具有时代特征、富有学校特色的学校文化氛围。

五、父母学院

父母学院，一方面是指帮助父亲和母亲双方接受再教育的家长学校，是家长了解家庭教育知识、提升家庭教育水平的重要公益网络学习平台和渠道；另一方面是指由家长代表、学校代表、行业"大佬"共同组成的联合会，主要任务是建立发展智库，拓展优质教育资源，实现学校文化共建、共治、共享、共生。父母学院凭借多方助力，构建起正面管教、专注力培养、学习型家庭、亲子教育等家长成长"盛宴"，实现家校共育，培养"同行家长"。

随着"双减"的落地，新课程和新中高考改革的持续深入，家庭教育在整个教育大系统中的基础性地位显得越发重要。为了构建适合每个孩子个性成长和身心发展的家校互动新机制，建立新型的家校关系，引导家长努力做"家庭教育"之火的自燃者和助燃者，父母学院照亮家长和孩子前行的方向，与学校一道为孩子的健康成长保驾护航。

示例：学校"自管自育"实践平台管理细则（节选）

一、值周班

为培养学生自主管理能力，规范学生行为举止，践行"自管自育"理念，学校组织每个班级的学生各担任一周的学校值勤工作。具体管理措施如下。

（一）工作岗位

值周班受学校委托，负责大堂值勤、饭堂值勤、图书馆值勤、荣誉升旗手、值周班小结等工作。

（二）值周要求

1. 值周班由德育处统一安排，每周安排一个班担任值周班工作，并对学生进行培训。

2. 值周班班主任担任值周班总指挥，具体负责本班周值勤的人员安排。

3. 值周班设值周班长一名，负责示范督促、检查、汇总值勤记录等。

4. 值周学生自律自管：

（1）遵守学校规章制度，不断提高自律能力。

（2）值周班学生在值周期间应该提前到校，由班主任统一安排，在自己的工作岗位上尽心尽责，做到不迟到、不早退、不离岗，服从组长指挥。

（3）完成本职工作后，立即回到班上，不吵闹，不影响其他同学上课。

（4）公平、公正对待每一个班级、每一个学生，严格按照评分要求打分，不弄虚作假。碰到问题或困难时，同学之间互相讨论或向相关教师请教。小组内要团结合作，评分尺度统一，做到不乱评分，准确记录扣分原因（包括违纪同学、时间、事件），以便核对。

（5）严于律己，宽以待人。在检查过程中，对老师和学生要讲文明、讲礼仪，遇到同被检查班级或学生发生矛盾时一定要及时向相关教师汇报，由教师妥善处理。

（6）值周班学生需及时将评分后的结果上交到德育处，以便及时汇总和反馈。

（7）每周一升旗礼，值周班发言人上主席台对值周工作进行总结。

（8）全体值周上岗学生佩戴"值周生"袖章。

二、岗位职责

岗位1：大堂值勤

（1）学生12人（其中正门10人，侧门2人），学校行政值日老师和保安协助管理。

（2）在岗时间：上午7：10—7：25，下午2：05—2：15。

（3）具体要求：

① 每位值周的同学必须佩戴绶带（绶带在传达室），整理好自己的仪容仪表。

② 每位值周的同学必须以立正的姿势站立，不能背靠墙壁。

③ 见到老师要敬礼，大声说"老师好"。

④ 见到学生仪容仪表不符合要求，要大胆指出。

⑤ 劝阻学生带一次性餐具等进校门，维护学校的清洁卫生。

岗位2：饭堂值勤

（1）学生5人（其中设组长1人），负责维持每天中午学生打饭的秩序，每人负责一个窗口。

（2）在岗时间：周一至周五中午12：05—12：20。

岗位3：图书馆值勤

（1）学生2人，其中设组长1人，协助图书馆老师管理阅览室秩序。

（2）在岗时间：周一至周五中午1：00—2：00。

岗位4：荣誉升旗手

每班提前一周上报1名优秀学生名单及先进事迹简介（100字以内，含旗手生活照，要求为电子版）到德育处，这名学生将担任荣誉升旗手，值周当周星期五上午到德育处找相关负责老师接受培训。

岗位5：十项常规评比

（略）

岗位6：值周班小结

值周班班长在下一周星期一升旗礼上进行500字左右小结（小结稿要于值周当周星期五前交德育处相关负责老师审核，小结要表扬先进，鞭策后进）。

六、自律委员会

学生自律委员会（以下简称"自律会"）是以实现"自我管理、自我教育、自我服务、自我发展"为目标，以反映学生需求、锻炼学生能力、发挥桥梁纽带作用为宗旨。自律会委员要发挥好模范带头作用，要发挥好学生自律作用，不断提升学生的管理意识、服务意识。

（一）基本任务

（1）引导和督促学生严格遵守学校各项规章制度，维护校园稳定与秩序，树立良好的学风校风，努力实现学生的自我管理。

（2）对违规学生做出书面提醒，对违纪学生提出相应的处分建议，经委员会表决后提交学校审批，努力实现学生的自我教育。

（3）对学生学习、生活、工作的热点、难点问题进行专题探讨和调研，努力实现学生的自我服务。

（4）加强学生工作部门与学生的联系，及时沟通反馈，为提高学校学生工作的管理效能和服务质量献计献策，努力实现学生的自我发展。

（二）基本职责

1. 学校自律会主任及其主要职责

学校自律会主任由学生会主席兼任，主要职责如下。

（1）组织每月一次的学校自律会例会，对本月工作进行总结，并做好下个月的工作计划。

（2）定期与学校领导沟通，汇报各年级自律会的工作情况。

（3）反映学生中出现的问题，并提出解决方案或建议。

（4）协调自律会与学校各部门之间的关系，就热点话题与学校或教师对话。

（5）运用调查问卷或访谈座谈形式，每学年对自律会工作情况向师生做民意调查，认真倾听意见建议。

2. 学校自律会委员由各年级自律会推荐产生

秘书处：对各年级自律会的问题、建议进行汇总和整理，对调查问卷、调查报告做进一步分析研究，确立解决方案；对各年级自律会报送的"拟违规、违纪名单"开出相关书面材料；列席参加违纪学生处理听证会。

监察委员：对学生行为规范督察团工作的及时性、客观性、公正性进行监督；对每月"五星奖"评比中最后两个班级实施重点监管，提出整改建议，适时抽查，对改进效果进行记录，并向校自律会反馈。

3. 学生行为规范督察团由校自律会实施监管

督察团主要负责监督、检查、评比各班在班风、卫生、两操、宣传、活动五个方面的工作。

4. 各年级自律会在年级组长的指导下开展工作

（1）自律会委员由各班选举产生2名，要求有正确的价值观，有一定的组织能力、协调能力、沟通能力，诚实正直，明辨是非，对其他同学能起到示范引领作用。

（2）每个年级设召集人1名，负责每次会议的召开。每月召开例会1次，根据具体情况也可临时调整，年级组长须列席会议。

（3）自律会的全体成员要注意倾听同学们的各种想法、愿望，善于发现热点、难点问题，每学期至少确立一个主题，通过座谈访谈、调查问卷等形式开展专题探讨与调研，并将报告上交学校相关部门。

（4）各年级自律会每月第一个星期一将组织一次突击检查，具体检查时间与检查内容由召集人负责，并将检查结果及时公示，此项检查结果也直接列入"五星奖"评比。

（5）对班级内出现经常违反校规，经班主任教育无效的学生，将名单报送所在年级自律会召集人，提出处理意见，同时填写《违规学生情况说明》。

召集人收报后向该同学发出书面的《警世钟》以示提醒，并上报校自律会秘书处备案，与此同时，通知该同学所在班级的班委会对其进行关心和帮助，请该班的自律会成员对其行为改进情况进行监督、记录、取证。如仍不悔改，将召开年级自律会会议，讨论对其的进一步处理办法。

（6）对严重违纪学生由班主任或年级组长报送年级自律会召集人，通过集体会议讨论、表决后提出相应的处分建议，提交学校审批。而后可组织部分同学对此问题进行讨论，也可写体会，并将材料公开展示，力争实现学生的自我教育。

（7）在年级自律会将处分意见上报学校的同时，向被处分人下发《建议处分通知书》，被处分人如有异议，可在收到通知书两日内向学校递交书面《处分申诉书》，学校核实后将决定是否召开校自委会会议，再次讨论对其的处分办法。

（8）跨年级事务由当事年级自律会同学共同参与解决。

（9）自律会成员每学年改选一次。

七、学生社团

学生社团组织是由学生自愿组成，为实现成员的共同意愿，按照其章程在学校内部开展活动的非营利性组织。学校鼓励和支持社团在遵守国家法律、法规及学校规章制度的前提下，开展健康、有益的校园活动，丰富校园文化生活，帮助广大学生扩大知识视野，陶冶情操，培养能力。

（一）社团纪律

（1）各社团必须在德育处、团委指导下，在学生会具体领导下开展工作。

（2）社团的名称，应根据名实相符的原则，由申报者提出，由学生会核准确定。

（3）社团的基本任务是根据广大学生的兴趣爱好组织各类活动，进行全校性的相关知识的宣传，增加学生的知识，提高自身的素质。开展健康有益、丰富多彩的课外学习活动，为广大学生提供开展活动的场所、时机和各种条件，达到学以致用的目的。

（4）学生社团的成立，需遵循专业性质相似或相近的原则，并有一位以上指导老师。指导老师对社团活动予以指导，并对重要活动予以把关。

（5）凡在校学生，不分民族、性别、年龄和宗教信仰均可自由加入某个社团。社团成员对本社团工作有讨论、建议和批评的权利；有选举和被选举的权利；有遵守社团章程和执行本社团决议的义务；有积极参加本社团活动的义务。

（6）各社团由社团理事会负责管理，社团理事会由会长、副会长、理事组成。会长、副会长、理事均通过公开选拔产生，由校学生会负责监督和批复。

（7）社团理事会成员必须具备以下基本条件：坚持四项基本原则，拥护党的路线、方针、政策；品行端正；热心社团工作并具有与社团性质相关的特长和才能；学习成绩良好；班主任及家长支持其参与社团活动；在校期间内未受过任何处分。

（二）社团管理

1. 社团的成立

（1）凡在籍在读学生均可发起成立学生社团。

（2）发起成立社团应有10名以上学生发起成立，其中主要发起人不少于3人。

（3）社团成立流程如图5-3-1所示。

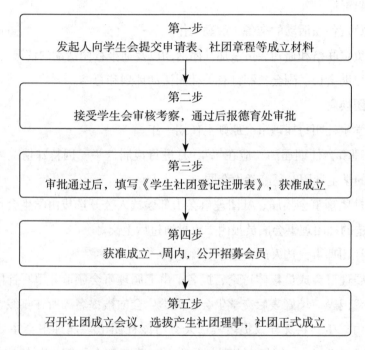

图5-3-1 社团成立流程

2. 社团负责人的职责

会长（社长）职责：

（1）对社团进行总体规划和定位，确定社团路线。

（2）担负社团的外联任务，负责与学校领导、各赞助公司及其他社团的联络、接洽等工作。

（3）与学生会保持联系，定期向学生会汇报工作。

（4）协调副会长、各理事的工作。

（5）负责社团经费的调配工作。

副会长职责：

（1）负责协会的人事管理。

（2）协助会长搞好各项社团工作。

（3）在特殊情况下替会长参加各项会议，并向学生会社团部定期报告工作情况。

理事职责：

（1）负责各项活动的准备、后勤工作。

（2）负责联络和通知会员参加社团活动以及通报社团活动的情况。

（3）协助会长、副会长制订有关社团活动计划和总结。

3. 社团换届

（1）学生社团每届理事会原则上任期一年。

（2）理事会任期届满，应在每年9月进行换届选举，因特殊情况需提前或延期换届的学生社团，须经学生会同意。

（3）社团理事会换届、社团理事会干部候选人公开选拔由学生会负责全程监督，当选的社团理事会成员报团委审批通过后上岗。

（4）社团理事候选人产生程序及规定：

由上届理事会成员集体讨论、提名；由上届理事会领取并填写社团干部候选人提名登记表，填好表后交学生会；由学生会向被提名人所在年级、班级征求意见；由学生会将无异议提名候选人交与该社团上一届理事会主要干部共同确定正式候选人；（社团候选人人数应多于理事会干部人数的20%）召开社团成员大会，差额选举；在学生会组织下召开新一届理事会干部会议，进行分工。

4. 社团成员的招募、管理

（1）各社团每学期公开招募社员一次，招募时间（原则上为开学前三周）、地点等由学生会确定。各社团需制订详细招募社员方案报学生会审定后实施。

（2）各社团需在公开招募社员前一周在指定位置张贴醒目招募广告，招募广告须经学生会审定通过后方可张贴。

（3）各社团招募的社员需认真填写《广州市南武中学社团成员登记表》，交学生会注册后，由各社团负责存档。

（4）各社团理事会需严格按照社团章程对该社社员进行管理，社员在活动中出现违反校规校纪行为，除按照该社章程进行处理外，需移交德育处进行严肃处理。

（5）无学生会的审定批准，各社团理事会不得以任何形式介绍、带领社员到校外参加任何性质的活动、学习、比赛等，也不得擅自邀请校外人员到校内参与任何形式的活动，一经发现，由学生会解散该社团，并由德育处发出通报。

5. 社团活动管理

（1）各社团活动必须在不影响课堂学习、自习，不违反学校纪律的前提下进行，一般每月不少于一次。

（2）各社团活动开展流程如图5-3-2所示。

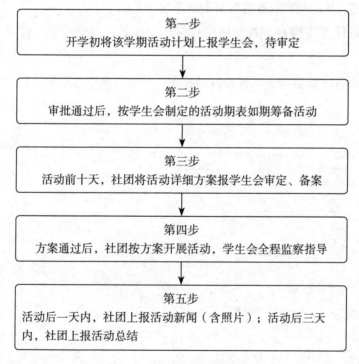

图5-3-2　各社团活动开展流程

（3）各社团需在每次活动前一周内推出活动宣传画，经学生会审定后张贴在公告栏。各社团如需印刷材料、刊物等，需交学生会审定通过后方可印刷。

（4）连续三个月没有开展活动的社团，被视为自动解散，并由学生会发出通报。

6. 社团经费管理

（1）各社团应本着勤俭、节约、少花钱、多办事、办好事的原则开展社团活动。

（2）社团经费包括社团创收经费、社会赞助经费、拨款等。

（3）社团经费一律由各社团派两人专门管理。一人负责保管钱，一人负责管理账目，将开支明细记录成册，随时接受社团部的检查，经费的收支情况每学期应向全体会员公布一次。

（4）各社团创收性活动均需经过团委同意后方可执行，创收性收入全部作为本社团活动经费开支。

（5）个别社团如确实需要收取会费，必须向学生会提出书面申请。但每学期不得超过两次，每次收取的会费不得超过10元/人。

（6）社团开支须有正式发票，并有至少两名社团成员签字证明，才准许报销。

（7）举行大型活动需学校拨款的社团，须提前向学生会提交活动方案的预算申请。

第六章

班级"自管自育"的
机制建构

第一节　班级"自管自育"的前提：班级公约

　　班主任要想把学生带向优秀，就离不开管理。有机构预测，中国中小学今后二十年的十大变革和发展方向之一就是管理方法的变革：由"自主管理"向"自我管理"发展。班主任科学管理班级，是为了把事情做好；人本管理要求班主任真正关注班级里的每一个人；文化管理则是用正确的价值观引领学生做正确的事（基于价值判断）。因此，现代班级管理理念不主张控制人，而是为了让学生学会自我管理、自我教育。

　　班级"自管自育"是指教师对班级基层组织（学生个人、小组、学生社团、班级）充分授权、放权，让学生进行自主教育、自主学习、自主管理、自主发展的一种班级教育管理模式。班级"自管自育"的基本动机是成就学生、解放老师；核心理念是以人为本、尊重学生、信任学生、依靠学生、激励学生、发展学生；基本目标是让学生学会生活、学会管理、学会做人，学会以后该学会的一切，同时把老师从繁重的日常工作中解放出来，做一个幸福、自由、健康、专业、纯粹的教育工作者。班主任在这一模式下的基本职能是研究、引导、管理、服务和协调。学生观念的人本化、班级管理的人格化、工作措施的人性化和育人环境的人文化是这一管理模式的最基本特征。

　　班级公约是全体学生认可通过的，用来约束和规范学生行为习惯的班级制度，甚至可以理解为"班级法律"，其存在具有广泛性和合理性特点，理应受到师生的尊重和遵守。

一、班级公约的作用

（一）使班级管理规范化

班主任要从思想上重视班级公约，树立起用公约约束人、教育人的思想。

班级公约制定要具体详细，精细化的班级公约，执行力越好，越有利于改善学生的行为举止，提高修养。

（二）使班级管理科学化

有教育学家指出：科学管理的表现形式之一就是要研究学生的认知规律和班级实际情况，而后科学、个性化地制定相关制度。制定具有广泛性和认可度的班规班法，能使班级摆脱"人治"的不规则轨道，而走上班级"法治"的轨道。因此，成功的班级管理与学生教育需要良好的制度来支撑。

（三）使班级管理民主化

当前，大家公认的班级管理的三种方式分别是："看管"式、"法治"式、"自治"式。其中，效果最好的是"自治"式管理，即班主任要在制度管理中给学生以民主，让学生结合班级和自身实际来共同商讨、制定班级管理的策略，根据实际情况更改班规等措施，创建和谐向上的班级氛围，使学生自觉地把道德要求和行为规范转化为自己的心理定式与良好的习惯，从而达到"自治"。而"法治"式则是生硬的班级制度、班规，不考虑学生的需求，因而管理和教育的效果都不理想。由此可见，班级公约的民主制定和与时俱进是十分必要的。

（四）使班级管理体系化

班级公约是学生在校学习、生活的规范性标准，涉及班级的日常各个方面，是一个综合要求、标准、检查和考核评价等的系统性工作。班级公约可以让学生明确行为边界和可行性标准，为实现班级的精细化管理奠定基础和条件，有助于形成"人人有事干，事事有人干，人人参与，成果共享"的良好班级管理局面，打造"和谐、团结、互助、友爱"的良好班风。同时，班级公约为学生设定了考核的目标，使每位学生都能在快乐学习、健康成长的前提下，形成向上、自律、奋进的良好品质。

二、如何践行班级公约

班级公约是班主任管理班级的一种重要方式和策略，对学生明确行动方向、规范言行准则有着重要的促进作用。但在践行班级公约理念的同时，又不能完全拘泥于班级公约，需要在做到"有约"的基础上不断升级，向着"有格"进发，以更好地促进学生核心素养的培养。

（一）强化认同，让班级公约更全面

班级公约是一种双向的约定，不仅要求学生遵守各项班级规定，同时也要求班主任、各科教师要遵守相关制度。毋庸置疑，班级公约的条款从班级中来，从学生中来。而传统理念下的班级管理条例中，班主任不需要讲明理由，学生必须无条件服从。对于具有独立个性的学生来说，这无疑缺少亲和力，因而难以认同。因此在班级主题讨论会中，师生要共同商议近阶段公约的内容，不仅要对班级的现状进行分析，还要对班级管理层面的不足进行反思，并提出解决班级问题的实施条例。这样形成的班级公约，基于群体，强化认同，因而更加全面。例如，在执行"课前准备"这项公约时，班主任可以针对班级的实际情况与学生进行如下约定：下课之后，在桌角放好下节课的书本；摆好课本，再出去进行课间活动；预备铃响，立刻返回教室。同时也可与本班各科任教师进行如下约定：下课铃响，立刻停止讲课；下课期间，不占用学生活动时间；预备铃响之前，进入教室做好上课准备。在执行公约的过程中，学生发现公约内容对教师提出的要求总是比对学生的要求更高一些。在这种"接地气"的双向公约引领下，教师的行为在无形中起到了榜样作用，学生也从中体会到了平等尊重，认同感油然而生，班级管理生发出蓬勃的活力。

（二）操作简明，让公约内容更鲜明

班级公约是学生需要遵守的行为准则，不能以大量的文字呈现，必须具备简明扼要、条理清晰、易于操作等特点，才能便于学生记忆、消化，并逐步落实。但一些班级公约往往流于形式，内容也基本上是对学生日常行为规范以及学校一些制度的重复，且看似面面俱到，实则浮于表面，在执行过程中无处着手，更无法评价。众所周知，学生的年龄特点决定了他们的思维具有直观性、形象性。直观性是学生脑力劳动的一条普遍原则，同时也适用于德育活动。学生通过看到的指令，清楚自己要做什么，反复实践之后，脑海中才会留下深刻的记忆，慢慢形成稳定的道德素养。以"课前准备"这条公约为例，"下课之后，在桌角放好下节课的书本"这句话非常简洁易懂，学生一看就明白下课之后需要做什么。每一项内容都是清晰的动作性指令，符合学生的年龄特征与内在需求，是可行且可评价的。学生通过阅读公约，就可以轻松地做好"课前准备"，为下节课的学习奠定基础。

（三）动态调整，让公约内容更科学

班级是由一个个生命个体组成的，是一个动态化的群体，在不同的阶段都有其不同的特点，也存在不同的问题。因此，班级公约的内容也不是一成不变的，它需要根据班级现阶段的具体情况进行相应的调整，以适应学生不同阶段的特点，解决班级中暴露出来的新问题。其实，公约的动态调整是多方面的，可以对原公约内容进行适当调整，还可以删除原公约内容中不合理的部分。总而言之，要让公约内容更符合班级现状，更贴近学生学情。例如，某班在执行"课前准备"公约时，学生们都能很好地做到"课前放好书本""预备铃响立刻回教室"，但在这期间，有其他科任教师反映预备铃响之后，教室里很吵闹。针对这一问题，班主任组织学生进行了讨论。有的学生说道："可以每天准备一首古诗，在预备铃响后默背。"还有的学生补充道："可以课前点名抽背古诗。"由此，"课前准备"公约就获得了新的内容：预备铃响，默背古诗；课前对古诗进行抽背。

示例：《班级公约》（节选）

一、学生文明礼仪公约

第一，着装得体，坐正立直，行走稳健，谈吐举止文明。

第二，使用好礼貌用语：请、您、您好、谢谢、对不起、没关系、再见等。

第三，使用好体态语言：微笑、鞠躬、握手、鼓掌、右行礼让、回答问题起立等。

第四，见到老师鞠躬问好；上下课，起立向老师行注目礼；课堂发言先举手；课余需进入老师办公室，要喊报告或敲门，经允许后再进入；离校与老师、同学道别。

第五，家中吃饭先请长辈就座；离家、归家与家长打招呼。

第六，对客人或外宾，主动问候，微笑致意，起立欢迎，挥手道别。

第七，对待老、幼、妇、残等人，行走让路，乘车让座，购物让先，尊重帮助残疾人。

第八，递送或接受物品时起立，并用双手。

第九，参加集会守时、肃静，大会发言先向师长、听众致礼；发言结束时道谢，观看演出或比赛，适时适度鼓掌致意。

二、学生仪容仪表公约

为规范学生的仪容仪表，培养学生正确的审美观念和意识，防止学生在仪容仪表方面过早成人化，营造积极、健康、向上、文明的校园氛围，特制定学生的仪容仪表要求，具体如下。

第一，头发要求：①头发符合学生身份和性别特征，按照学校的标准梳理，不留怪异发型。②学生不允许烫发，不染发，不打发胶、摩丝等定型剂。③男生不留胡子，不剃光头，不留长发、怪发，前额发下压不超过眼和眉毛，发尾不触衣领，两侧鬓角不盖耳、不过耳垂，头发不能过厚。④女生前额发不遮眼，刘海儿下拉不过下颌，头发长度过肩的必须扎起，不得披头散发，一律向后扎起、扎好。①

第二，面部要求：①不画眉、文眉；不绘眼影，不戴有色隐形眼镜；不涂唇膏、不化妆（学生参加文艺演出除外）。②不穿耳洞，不准戴耳饰。

第三，服装要求：①学生着装应简朴大方，符合学生身份。②学生进入学校和参加学校组织的集体活动，必须按规定穿着整套校服，运动服的上衣不能和礼仪服的裤子搭配穿，校服（外套）里面的衣服不能超过校服的长度，不能将外套穿在校服外。③校服上衣的纽扣除最上面一颗外，其余必须全扣上；冬天外套要比里衣长，拉链要拉好到校徽位置；女生的礼仪服要绑蝴蝶结。④校服大小得体。校服是学校文化标识之一，不能穿与自己身材不符的大号校服，不能随意修改校服，如把裤管改小等损坏校服的行为。⑤不能将校服借给校外人穿。

第四，穿鞋要求：①学生在校不穿高跟鞋，不能穿拖鞋。②不提倡穿特别昂贵的鞋回校。③上体育课及进行体育活动时要穿运动鞋。

第五，指甲要求：①不留长指甲，长度不得超过2毫米。②不涂指甲油。

第六，佩戴要求：在校园内，在脖子、手腕、耳垂上不得有任何挂件、饰品，如项链、吊坠、脚链等。

三、学生交往公约

第一，提倡集体交往，反对单独过密交往。应该是偶尔相处，而不应该是

① 王雅丽.班级公约的内在德性探究［J］.教学与管理（理论版），2021（2）：70-73.

频繁相约。

第二，提倡文明相处，举止言辞得体，反对言语随便、肢体接触。如谈话中注意男女有别，回避敏感话题，交往中的身体距离控制在必要的分寸等，交往时男女同学都要学会尊重对方。

第三，提倡男女同学同班多交往，反对跨年级、跨学校，特别是与校外不熟悉的异性交往。

第四，提倡校内交往，反对校外尤其是在娱乐场所交往。

第五，提倡交往中多谈学习、锻炼、班级工作。

第六，提倡主动听取长辈指导，反对背着长辈特别是监护人交往。

第七，提倡在现实环境中交往，反对网上交往。

第二节 "自管自育"的关键：干部机制

一、班干部的基本素养

班干部是一个班级的骨干，是班主任的得力助手。一个班级管理建设的好坏，往往与班级干部力量的强弱、发挥作用的大小有很大关系。因此，精心选拔和培养干部是实现学生自我管理、自我教育管理模式的基础。

（一）班干部基本素质

第一，良好的社会公德。关心集体，团结同学，积极热情，办事认真，愿意为同学服务，能与师长、同学、朋友和谐相处，积极维护班级当中的正能量行为，批评班级当中的错误行为。

第二，优秀的表达能力。班主任应该为班干部的发言提供更多的机会，让他们敢于表达，敢于对他人的表现做出评价，敢于做出解决问题的具体决定。

第三，较强的组织能力。班干部需要组织班级当中的各项活动，需要规划不同的活动步骤、活动细节，需要厘清不同事件当中的复杂关系，这种组织能力可以在多次实践和锻炼当中形成。

第四，融洽的人际关系。和同学之间的关系是否融洽直接决定了班干部工作效果的好坏，所以，班干部的为人应该是热情的、诚恳的、大度且有同情心。

（二）班干部心理素质

第一，班干部应该找准自身定位，对自己做出公正的评价。在自我定位和自我评价的时候，班干部不能因为自己是班干部就给予自己特殊的权利，班干部应该明确意识到自己也是普通学生，应该意识到作为班干部最重要的是为同学服务。班干部要对自我进行正确的评价，要从理性的角度出发对自己进行评价，应该根据自己的实际能力对自己提出工作方面的要求，为自己制定切实可行的工作目标。只有这样，才能保持自己的平衡心态，才能避免能力和目标之间不相符带来的烦恼。

第二，班干部要勇敢地面对各种挑战。任何人无一例外都会遇到学习困难、工作困难，作为一名班干部应该有更好的心理品质，应该更加冷静地对问题进行分析，勇于面对挑战，积极地寻找解决问题的办法，不轻易放弃，不推诿，不逃避。

第三，班干部应该保持积极的情绪。班干部应该要始终充满正能量，对自己的情绪进行更好的掌控，避免出现过多的消极情绪，而且要尽量调节消极情绪。

二、班干部的选拔

班干部的选拔方式也是灵活多样的。起始年级，同学、师生之间还没有相互了解，在这种情况下，可以借助学生的档案材料，根据学生以前担任班干部的情况，通过任命的方式来选拔班干部，保证班级工作的有序进行；非起始年级，师生、生生之间都有了一定的了解，可采用竞选或选举的方式产生班干部。采用这种方式选拔班干部，有利于调动学生参与班级管理的主动性和积极性，增强班干部的责任感和荣誉感，有利于班级管理和建设工作的进一步深化与发展，实现班级的管理目标。

选拔方式：

班主任在进行班干部的选择时，应考虑实际情况选择适合的制度。

第一，临时指定制。这种方法最适合班级刚刚组建时，此时班级中事务繁多，但是班主任对学生的了解甚少，因而需要临时组建班级的班委会。人数不宜过多，应选择表达能力、组织能力较强的学生担任临时班干部。

第二，班主任指定制。这种方式在班干部选拔当中经常使用，主要是班主任根据自己的判断进行班干部的选择或罢免。这种方式选拔出的班干部更倾向于服从班主任，有较强的执行力。但是这种方式在一定程度上忽略了学生的意见，不利于班级民主风气的养成。

第三，民主选举制度。指的是由全班学生票选班干部。这种方式强调了学生自己的主体意识，传递了民主思想，所有学生都可以积极参与其中。最重要的是，这种方式选拔出的班干部非常容易取得班级同学的支持和认可，有利于班级工作的顺利开展。

第四，自由竞选制。这种方法需要参选学生先提出参选方案，然后由其他学生进行选择。这种竞选是双向的，可以激发学生自主参与竞争的意识，也有利于培养学生的自主选择能力。

第五，聘任制。这是一种新兴的班干部选拔任用制度，指的是从班级当中选出学生组成班委会，班委会的同学在任期内履行职责，任期届满之后，班干部需要根据自己这段时间的表现做述职报告，同学们需要对他在此期间的表现进行评价，然后选出下一届的班委会成员，组成新的班委会。

第六，班干部轮换制。这种方式可以让更多的同学参与到班级管理实践活动当中，可以激发学生身上的隐藏潜力，为学生创设更多扮演生活和学习中的不同角色的机会。

第七，班长负责制。这种制度主要参考了企业管理中的主管领导负责制。具体来讲，当班主任离开教室时，班长负责班级所有的管理工作，如学习管理、卫生管理、纪律管理等，班长要对所有的任课教师负责。这种方式可以充分调动班长参与学生管理的积极性，也可以带动其他的班委参与班级管理。这种制度可以综合所有班干部的聪明才智，让学生自己进行问题的解决和处理。

第八，班长组阁制。这种制度主要学习西方国家领导人的选举方式，由学生民主地选举班长，然后班长挑选合适的班级干部助力自己工作的开展。这种制度适用于班级中存在具有"领导才能"的同学的情况，在有领导力的同学的领导下，其他班干部互相配合完成任务。但是，这种制度存在一定问题，有可能导致班级小团体的产生，不利于班级的整体发展。

三、班干部的培养

班干部选拔出来以后，要对班干部进行系统的培训，使班干部明确自己的职责、作用、地位以及应具备的基本素质和能力。对班干部的培养，不但要使班干部明确班级的管理工作应该做什么，更重要的是要培养班干部懂得怎样管理班级，如何开展工作。首先，应当指导他们确立班级发展的总体目标，因为有了目标，学生才有努力奋斗的方向，才能沿着已经确定的方向不断取得进步。其次，要指导班干部根据班级发展的总目标具体制订每个学期的工作计划。最后,指导班干部坚持按照班级工作计划的要求,认真开展班级管理工作;同时,班主任在工作方法上应给予他们适当的指导。另外,班主任还应帮助班干部正确处理好班干部与同学、班干部与教师以及工作与学业之间的关系。

总之,要培养班干部独立思考、大胆工作的能力,不断增强自我管理、自我教育的意识;培养他们从严要求自己、以身作则的工作作风和团结同学、为同学服务的精神。

四、班干部的管理

有些班级内班干部的男女比例不协调,如何均衡男女比例成为班干部队伍建设中迫切需要解决的问题。其措施如下。

(一)因性别管理

男生、女生在身心发展、心智成熟以及擅长的方面都是有差异的,因此,班主任在进行管理的时候,要考虑到学生性别的影响,对不同性别的学生采取适合他们成长的管理方式。

(二)因性别评价

因为男生和女生在心理、生理方面是有差异的,所以,教师在进行评价时也要考虑到性别差异的影响,评价标准应该按照性别的不同而有所差异。一般情况下,女生比较遵守纪律,且学习比较认真;但男生在创新、勇敢方面非常具有优势,且普遍具有更强的集体荣誉感。所以,在评价班干部的时候,也要考虑到性别之间的不同,使用针对性的方式去评价。

(三)男生主题活动

现在女生干部越来越多,针对这种现象,班主任应该开展更多与男生有关的主题活动。例如,开展主题班会,致力于提高男生的整体意识,让男生表现出更强的学习意志、责任意识,让男生了解自己对社会、对家庭要承担的责任。除此之外,还可开展男生较为喜爱的体育活动,如篮球赛、足球赛等,这有助于男生提高自己的自信心。

五、对班干部的评价

在评价班干部的时候,可以从班干部完成工作的情况进行评价,也可以通

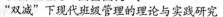

过活动中班干部是否发挥了自身作用、是否承担了自己的责任的角度对班干部的工作进行评价。如果班干部在工作当中出现了问题，班主任可以激励班干部去弥补之前出现的漏洞，这样可以激发班干部的积极性，也有助于班级工作的稳定顺利开展。

（一）评价原则

（1）发展性原则。考核班干部要注重班干部的日常工作表现，注重过程管理，不能只看结果，体现科学发展的思想。

（2）层次性原则。考核班干部要根据班干部的工作岗位不同，班干部个人能力的不同，班干部性别的不同，班干部完成任务的质量等进行分层次评价。

（3）自主性原则。考核班干部要表扬能够主动发现问题、主动解决问题、行使自主权的班干部，这样才能鼓励他们有创造性地开展工作，取得较好的效果。

（4）激励性原则。考核班干部要尽量以表扬鼓励为主，多方位进行评价，找到工作中的闪光点，委婉地提出缺点与不足，这样可以较快地培养班干部的自信，激发他们工作的热情。

（5）公正性原则。考核班干部一定要做到客观公正，要有公开的标准，实事求是，不能班主任一人说了算。这样才能得到班干部的认同和信任，有助于班干部团队形成较好的凝聚力。

（二）评价内容

（1）责任心。是否有责任心表现为能否全力以赴地为班级做好服务。

（2）工作态度。工作态度表现为能否认真负责地完成自己的工作。

（3）主动性。是否有主动性表现为能否积极发现自己工作中的问题，积极开展各种活动并解决问题。

（4）团结同学。是否团结同学表现为能否融入班级团队，把班级凝聚成一个整体。

（5）思想状态。思想状态表现为是否实事求是，工作是否"假大空"。

（6）心理状态。心理状态表现为能否积极参与活动，是否心态阳光或是满腹牢骚。

（7）协作精神。是否具有协作精神表现为能否协调其他班干部或同学，共同完成任务。

（8）工作效果。工作效果表现为工作完成情况的好坏，是否有创新性的表现。

（三）评价办法

（1）自我评价。班干部可以对自己的工作水平、能力效果、学习成绩、品德、人际关系等方面进行自我评价。在自我评价的过程中，班干部可以看到自己的不足，更好地认识自己并改正问题。

（2）同学评价。同学直接参与了班级活动，了解班干部在活动中的付出，因此同学有权利对班干部的行为表现做出评价。

（3）老师评价。老师包括班主任和其他任课教师。老师在评价班干部时要客观、公正，要全面地对班干部的工作能力、工作态度、工作效果进行评价。

（4）家长评价。家长评价的方式有很多，例如，家长委员会进行评价，家长开放日时邀请家长进行评价，或者通过家长信箱的方式对班干部进行评价。

（5）成立学生监督委员会。学生监督委员会的作用是监督班级班干部的行为，委员会的成员应由学生民主选举产生，委员会的成员主要负责与同学交流，了解同学对班干部管理的认可程度，收集班级同学对班干部管理的建议。

（6）例会制度。班干部应该每周召开一次例会，时间不宜过长，会议内容主要是班干部总结一周的工作。例如，总结工作中遇到了哪些问题，使用了哪些方法解决问题。这样的会议能够提高班干部的责任意识、协作意识，班主任也可通过会议更好地掌握班级情况。

第三节 "自管自育"的保障：评价机制

目前，很多德育评价存在学生主体缺失的问题。导致这一问题的原因之一是整体上教育体制对学生的自主教育、自主学习和自主评价能力的系统性漠视。学生的自我感受常常被看成幼稚、不成熟的表现。学校、教师还有家长都不放心让学生自主教育和自主学习，习惯性帮学生排得满满的，替学生想好各种可能情况，规划好时间，设定好规矩纪律等，唯独没有放手让学生自己去安排、规划时间，去制定规则。

大部分的学校和班级都是由学校教导处、级长、班主任直接制定校规、班规，然后简单地要求学生去学习、遵守。一旦学生违规，就按照规定给予批评、通报批评、记过等处理。有些规定特别细致，但是没有从学生角度出发，忽视了学生的个体区别。如学生的发型，长那么一点点都不行，都会被认定为仪容仪表不过关；有的学生天生卷发，但要求必须拉直……其实，只要学生的发型不是奇形怪状，不是特意染烫的，都不需要特别指出，过于严格僵硬的要求只会引起学生的不满。再如迟到问题，要求学生上学不迟到，这是正确的，但是不同情况要做不同处理。若某天学生因为不可避免的原因，如公共交通出问题、家里临时突发情况、身体不适等原因而迟到，且学生为避免迟到已竭尽全力赶回学校，那么这种情况是否应该先了解清楚迟到原因，而不是一味地批评处理呢？

类似上述不从学生角度出发，不以学生为主体的所谓"德育管理"，不但没有效果，反而让学生反感，以至于起到反作用。这样的德育评价哪有民主可言？而这种过分细致的，不以学生为评价主体的"德育"（称"常规管理"更为合适），根本与自主无关，不能起到很好的教育效果。

这种主体缺失的学生教育，包括道德教育，在理论和实践上都存在着严重的弊端,阻碍了素质教育和教育改革的深入。主体缺失的学生德育评价漠视学生主体参与和自主评价,严重制约着学生道德的形成。我们应该充分尊重学生主体,重视学生的心理需求,让学生成为自己教育自己的主体,体会教育过程的愉悦,这样才能取得德育实效。

在"自管自育"体系中,科学评价学生是十分重要的环节。学生自主评价能力的核心是学生能正确评价和反思自己。每个学生都有自己的情感生活和情感体验,都有自己的心理选择,他们需要理解与关注,需要主体地位的凸显。自主评价体现的是:学生是自己的主人,让学生成为自己教育自己的主体。"自管自育"下的评价方式有以下几种。

一、实施发展性评价

统筹兼顾学生的过去、现在以及未来是发展性评价体系的重要内容,同时,相比于将明确的结论信号传达给学生,并用等级分数来为学生定性,与其他同学比较,发展性评价体系更加强调关注和关怀学生。一方面,评价活动使学生在现有水平上获得更多成长空间,符合培养目标的要求;另一方面,充分尊重学生的特长,使学生的潜能得到最大化发挥,对学生的发展需求进行精准把握,为学生的自我认知和自信心的建立提供了必要的帮助。

二、实施展示性评价

学生对自我的发现和对他人的欣赏过程,主要是通过自我表现性展示活动、师生之间的合作交流以及互动学习的过程来实现的。从实践层面来讲,可以通过两种形式来实现展示性评价,其一是充分利用课堂,主要目的是为学生的自我展示提供重要的引导;其二是开展专题性的成长总结、成果展示,作为某个主题或某个阶段活动的总结。如举办以展示学生活动照片为主要内容的摄影作品展,或者在手抄报上展示学生在活动过程中的体验与感受,并积极引导所有学生参与到对活动的探究和讨论中来。在准备阶段,每位学生都要针对自身的优势、体验和感悟进行认真总结。当班主任捕捉到学生身上的闪光点时,应当为学生提供充分的展示机会,使其展示诉求并得到最大化满足。

三、实施观察性评价

班主任是观察评价活动的主体，评价计划的制订要建立在事先调查研究和认真思考的基础之上，并以评价项目和评价标准为依据。针对学生在不同环境下的行为，班主任都要按部就班、有条不紊地进行仔细观察；或与学生展开谈话等，从而对学生的真实情况获得直接了解，以完成对各种评价信息的收集，并以此为依据完成对学生的评价。这种以评价计划为依据完成系统性观察的工作，需要做到耐心和细心。在开始观察工作之前，班主任需要首先完成观察提纲的设计工作。观察提纲的内容主要有六个方面，分别为人、事、时间、地点、事情原委、引起该事件的主要原因。为了发现学生在活动中应对问题的方法以及成长进步情况，观察环节不可或缺。而班主任的充分指导对学生实际解决问题发挥了巨大作用，有利于学生自我管理能力的提升。

四、实施民主评议

无论是师生互评活动、小组互评活动，抑或是在家长或社区力量干预下展开的多种民主评议，都是开展协商合作式民主评议的重要方法。而评价模式也集中表现为以下两种。

第一，小组互评。开展小组互评活动，需要依据评价项目和评价标准等内容来完成互助评价，并将评价结果以表格的形式呈现。或者在开展组内互评活动时，充分发挥组长的组织协调作用，并利用细心观察所得的数据，由师生共同完成评价。整体来讲，学生的互相鼓励、互相进步离不开小组互评的过程。

第二，家长或社区评价。家长或社区作为评价对象来客观性评价学生，需要遵循教师提供的具体要求、评价项目和标准。特别需要说明的是，激励性评价机制在家长或社区评价中具有重要作用，只有特别强调对学生的鼓励和指导，才能保持学生对评价内容和建议的关注度。

五、实施"闭环"评价

班级管理工作对学生自我管理能力的提高具有不可或缺的重要价值。人的发展是班级管理效能的集中体现，其中以推动学生自我发展最为突出。实践表明，加强对学生课堂表现和学习效果的及时评价与有效鼓励，对于学生学习效果的提高十分必要。

（一）值日班长评价组长制

班级常规管理是班长在传统班级管理中的主要职责。然而，这种班级管理模式也不完全尽如人意，如在班级管理过程中缺乏对班长的及时、客观评价，导致班长可能会存在不够负责任等问题。为此，需要在明确班长管理的具体权责边界，在民主评选和自我推荐双重原则下，由学生来选定值日班长，值日班长对全班学生的学习、纪律和卫生等情况进行有效管理，并评价和量化班级内每个小组的当日表现情况。

（二）组长评价组员制

班级学习小组的第一负责人是各组组长，组长围绕学生综合素质评价的相关指标，如学习效果的检测、课堂发言的主动性以及学习纪律等方面展开对组员的评价考核，从而发挥小组长在班级管理中的基础作用。除此之外，还可以设置组长、组员的双向互评方式，这样更可以有效保障组长评价组员的公正性和公平性。

（三）学生评价值日班长制

学生民主评议和教师评价结合，这是评价值日班长的主要方式。班主任对值日班长的评价依据主要为其值日期间的课堂纪律、班级卫生和学生学习情况等，这些综合评价结果为值日班长评价考核体系的重要内容。而每周一总结就是在每周召开的班会上对优秀班长进行奖励，具体来说，就是以每个班长的每日评价为依据，对其进行红星奖励，并在此基础之上完成每月的总结。除了拍照存档之外，还要以班内光荣榜照片展示的形式予以鼓励，使值日班长的管理主动性和班级管理效率提高。

总之，对于学生学习积极性的提高和自我管理能力的培养而言，"自管自育"评价机制的合理创新意义深远。因此必须提升自主评价机制的科学性，激发学生潜能，提升学生参与自主管理的体验感、愉悦感和获得感。

示例：小学学生一日常规"自管自育"评价量表

班级：_____　　值日班长：_____　　监督员：_____

学生姓名	值日	早读	课间操	上课纪律	午读	语文作业	数学作业	英语作业	集队	眼操	校服与红领巾	课外阅读	课间纪律	星星统计
	优 一般 差	优 一般 差	优 一般 差	优 一般 差	优 一般 差	优 一般 差	优 一般 差	优 一般 差	优 一般 差	优 一般 差	优 一般 差	优 一般 差	优 一般 差	优 一般 差
	优 一般 差	优 一般 差	优 一般 差	优 一般 差	优 一般 差	优 一般 差	优 一般 差	优 一般 差	优 一般 差	优 一般 差	优 一般 差	优 一般 差	优 一般 差	优 一般 差

自评说明：

1. 值日：准时，按要求认真完成值日任务，被老师、劳动委员表扬奖励星星的为优；值日迟到，不参与值日，或值日与同学玩耍、讲话的为差；其他情况为一般。

2. 早读：声音响亮，坐姿端正，被班长、老师奖励星星的为优；被老师或班长多次警告并罚站起来读的为差；其他情况为一般。

3. 课间操：排队做到快、静、齐，按要求认真做操，不讲话，不搞小动作，被老师、班长表扬奖励星星的为优；排队迟到，无故不参与做操，或做操与同学玩耍、讲话的为差；其他情况为一般。

4. 上课纪律：坐姿端正，认真做好笔记，读书声音响亮，积极举手回答问题，被老师表扬奖励星星的为优；上课讲话，搞小动作，被老师罚的为差；其他情况为一般。

5. 午读：读书声音响亮，坐姿端正，被班长、老师表扬奖励星星的为优；被老师或班长多次警告并罚站起来读的为差；其他情况为一般。

6. 集队：放学或做操排队要做到快、静、齐，听从教师指挥；列队出校门时，步伐整齐一致，不推搡，不说话打闹；到达交接地点后离开时，要向教师说"老师，再见"或"老师，我走了"。

7. 课间纪律：课间活动有组织、有纪律、有准备，安全第一；在公共场合不乱喊乱叫、追逐和打闹；活动结束，有秩序退场，不拥挤、推搡，以免造成人身伤害。

8. 作业：应认真、按时、独立完成，被老师表扬，或有90分以上的为优，迟交作业，缺交作业，抄作业，或有错不纠为差。

9. 校服与红领巾：要求佩戴红领巾及穿校服时佩戴红领巾或穿校服的为优，不能中途不戴红领巾或不穿校服，进校未戴红领巾或不穿校服被扣分为差。

10. 课外阅读：做到睡前看15分钟课外书为优。

11. 眼操：自觉按要求做好眼操，在做眼操时不睁眼、不讲话，按节奏做好的为优。

第七章

班级"自管自育"与
主题教育活动

　　班级的组织管理是通过各种班级活动实现的。根据活动的内容，可以将班级活动分为日常活动和主题活动两大类。日常活动就是每天或每周都要进行的班务活动，如出版黑板报、卫生大扫除、做广播体操等；而主题活动则是围绕各种主题在不同阶段开展的有教育意义的活动。主题活动凭借其灵活多样的形式，生动广泛的教育内容，全面持久的教育效果，越来越受到广大中小学班主任的青睐。通过丰富多彩的班级活动形式实施班级管理，不仅可以开展思想政治教育，丰富学生的情感认识，扩大他们的知识视野，还能寓教于乐，将复杂的思想教育工作置于富有趣味的主题活动中，进而提高学生的思想认识，增强自我管理、自我督促的自觉性，促进学生健康成长。

第一节 班级思想政治教育的两个"注重"

一、注重思政教育顶层设计

思想政治教育是班主任立德树人的灵魂工程，班级活动则是开展学生思想政治教育的重要抓手。

学校教育要紧紧抓住思想政治工作这条生命线，在坚持把思政工作与各学科的实际教学相结合的基础之上，深入推进思政课建设，用新时代中国特色社会主义思想铸魂育人，引导学生增强"四个自信"，厚植爱国主义情怀，将爱国情、强国志、报国行融入血脉，使思政课始终能润物无声地给学生以人生启迪、智慧光芒和精神力量。

班主任要认真开展好"思政第一课"教育活动。配合学校党组织切实担负起思政课建设的主体责任，在思想上高度重视，认真落实每学期上一堂思政课的要求，认真落实每年度思政课建设的各项任务。

班主任要认真落实《中小学德育工作指南》精神，有针对性地提升德育工作整体性、科学性、时代性、实效性，提升课程育人、文化育人、活动育人、实践育人、协调育人的意识与水平；有针对性地加强理想信念教育、核心价值观教育、日常行为规范教育、心理健康教育、劳动教育等；加强校本德育课程、德育活动的设计与实施，激发学生的情感体验与内心认同。

二、注重挖掘思政教育的时代内涵

（一）突出爱国主义教育，打造学生生命的底色

爱国主义教育是班主任工作永恒的主旋律，也是德育课堂永恒的主题。2020年1月20日，教育部党组印发《教育系统关于学习宣传贯彻落实〈新时代爱

国主义教育实施纲要〉的工作方案》的通知，要求在教育系统扎实开展深入、持久、生动的爱国主义教育，着力培养德智体美劳全面发展的社会主义建设者和接班人。班主任应积极响应号召，通过参与升国旗仪式、国旗下讲话、延安精神进校园、瞻仰烈士纪念碑、组织开展红色研学活动、举办合唱比赛、发起"我和我的祖国"快闪活动等形式，扎实开展爱国主义教育活动，深入学习贯彻落实《新时代爱国主义教育实施纲要》。

（二）深化社会主义核心价值观教育，点亮学生生命的亮色

社会主义核心价值观是兴国之魂，把社会主义核心价值观建设融入学校思想政治建设全过程，是广大教育工作者培养担当民族复兴大任的时代新人的重要任务。班主任要以继承弘扬中华优秀传统文化为立足点，以社会主义核心观进校园为切入点，以示范、宣传、结合、融入为基本方法，多措并举地推进社会主义核心价值观建设向纵深发展，引导学生把社会主义核心价值观内化于心，外化于行，把社会主义核心价值观建设贯穿各项工作之中，使社会主义核心价值观教育像空气一样无所不在、无时不有地融入教育教学工作的方方面面。

（三）增强劳动教育，擦亮学生生命的本色

劳动创造了人类，劳动改变着世界，劳动是人的本色。2020年3月20日，中共中央、国务院发布《关于全面加强新时代大中小学劳动教育的意见》（以下简称《意见》）。《意见》充分体现了习近平总书记关于劳动教育的重要论述精神，体现了新时代对劳动教育最根本的要求，构建了体现时代特征的大中小学劳动教育体系，使新时代大中小学劳动教育展现出新的生机与活力，开创出前所未有的新局面。班主任要积极发挥区域教育实践基地在劳动教育中的积极作用，整合资源，拓展活动空间，不断增强对青少年劳动教育的针对性和实效性，用劳动擦亮学生生命的本色。

班主任应为学生及家长提供家庭教育知识宣传、亲子关系调适、家庭教育培训、家庭教育研究等多种形式的专业服务。

示例：在学校思想政治理论课建设推进会议上的讲话（节选）

同志们：

大家好！

大家知道，2019年3月18日，习近平总书记在京主持召开学校思想政治理论课教师座谈会并发表重要讲话。这是新中国历史上第一次也是建党以来第一次由党的总书记主持召开的全国大中小学思政课教师座谈会，意义非凡；一方面表明我党对培养新时代中国特色社会主义建设者和接班人的高度重视，另一方面表明培养什么人和怎样培养人是从小学、中学到大学一以贯之的系统教育工程和根本工作。

习近平总书记在学校思想政治理论课教师座谈会的重要讲话，科学回答了思政课改革创新和思政课教师队伍建设的方向性、全局性、战略性的重大问题，为我们今后办好思政课和加强思政课教师队伍建设提供了根本遵循。习近平总书记的重要讲话在全省教育系统引起热烈反响。

2019年3月25日，省委书记李希在广州主持召开学习贯彻习近平总书记关于学校思想政治理论建设重要讲话精神的座谈会，并到广州中学、华南师范大学就办好思政课进行调研，李希书记指出，要牢记习近平总书记的嘱托，要落实好立德树人的根本任务，努力培养担当民族复兴大任的时代新人，培养德智体美劳全面发展的社会主义建设者和接班人，就需要建设一支政治素质过硬，业务能力精湛，育人水平高超的高素质思政课教师队伍和德育教师队伍；4月2日，市委常委会专题传达学习了习近平总书记在学校思想政治理论课教师座谈会上的重要讲话精神和省委有关部署，初步研究了广州市贯彻落实工作；4月23日，市委书记张硕辅到广州大学进行调研，并召开思政课教师和学生代表座谈会，就办好思政课、做好学校思想政治工作与师生代表交流；9月份开始，市委常委带头到学校上思想政治理论课。9月14日，广州市委常委、统战部部长卢一先同志到广州市南武中学讲授思政课，9月中旬我也曾经到岭南画派纪念中学上思政课并调研。再过几天，市委常委、纪委书记、监委主任刘连生将到广州市第五中学上思政课。

一年多来，海珠区紧抓学校思想政治工作生命线，贯彻落实《新时代爱国主义教育实施纲要》，全面落实《广州市学校思想政治理论课建设行动计划

（2019—2021年）》，加强党对学校思政课建设的领导，开展学校思政课建设专题调研，召开两次中小学思想政治课研讨会，推动思政课教学教研改革创新，切实提高学校思政课教学质量，健全学校书记、校长每学期上好"思政第一课"常态化机制，推进思政课教师培养培训，切实提高全体教师"思政育人"的能力。在这里，我再强调几点工作意见。

一、切实提高政治站位，充分认识办好思政课的重大意义

习近平总书记高度重视学校思政课建设和思想政治工作，亲自主持召开学校思想政治理论课教师座谈会并发表重要讲话，深刻阐明学校思政课的重要意义，明确提出推动思政课改革创新的重大要求，为加强学校思政课建设，培养一代又一代社会主义建设者和接班人提供了重要遵循。省委李希书记深入思想政治理论课教学一线调研、召开专题座谈会并出席全省学校思想政治理论课建设推进会。海珠区要按照中央和省、市部署，深入学习领会习近平总书记关于思政课建设重要论述精神，切实把思想和行动统一到党中央重大决策部署上来，旗帜鲜明用习近平新时代中国特色社会主义思想铸魂育人，高水平办好思政课，以实际行动增强"四个意识"、坚定"四个自信"、坚决做到"两个维护"。

一是要充分认识办好思政课是落实立德树人根本任务的基本要求。教育的根本任务是立德树人。总书记强调，办好思政课，最根本的是要解决好培养什么人、怎样培养人、为谁培养人这个根本问题。我们党立志于中华民族千秋伟业，必须培养一代又一代拥护中国共产党领导和我国社会主义制度、立志为中国特色社会主义事业奋斗终生的有用人才。我们办中国特色社会主义教育，就是要理直气壮开好思政课，把思想政治工作贯穿教育教学全过程，在大中小学循序渐进、螺旋上升地开设好思政课，真正实现全程育人、全方位育人。

二是要充分认识办好思政课对维护政治安全和意识形态安全的极端重要性。教育领域意识形态斗争形势严峻，多年来各种敌对势力与我争夺阵地、争夺人心、争夺青年。广州处在"两个前沿"，社会文化多元、互联网发达，政治安全和意识形态斗争形势复杂尖锐。青少年阶段是人生的"拔节孕穗期"，这一时期心智逐渐健全，思维进入最活跃状态，也最容易受到不良思想的侵蚀和影响，最需要精心引导和栽培。思想政治工作是学校各项工作的生命线，思政课是各项课程中的关键课程，要创新话语体系，立足中国实践，及时把党的

创新理论，特别是将习近平新时代中国特色社会主义思想融入整个课程，让这些理论生动地进教材、进课堂、进学生头脑，筑牢政治安全和意识形态安全的前沿阵地。

三是要充分认识办好思政课是实现海珠区建设创新岛、生态岛、安全岛，打造"两个重要窗口"的一颗明珠，实现老城市新活力，"四个出新出彩"的内在需要。青少年是祖国的未来、民族的希望，当前，海珠区正在打造琶洲粤港澳大湾区数字经济创新试验区，推动"一区一谷一湾"发展布局落地，这既是攻坚战也是持久战，需要培养大批各方面需要的各类人才，需要一代代接力奋斗。人才就是未来，而思想政治素质又是人才的首要素质，人才培养离不开思政课这门"第一课程"。我们要树立战略眼光和长远眼光，沉下心来把下一代教育好、培养好，从学校抓起，从娃娃抓起，为我们的事业培养和储备一批又一批理想信念坚定、志存高远、脚踏实地的青年人才。

二、全面落实"六要"标准，打造高素质专业化思政课队伍

教师是立教之本、兴教之源。办好思政课，要按照习总书记提出的"政治要强、情怀要深、思维要新、视野要广、自律要严、人格要正"的"六要"标准，建设一支政治素质过硬、业务能力精湛、育人水平高超的高素质专业化思政课教师队伍。

一是加强教师配备管理。传道者首先要明道、信道，育人者要先受教育。建立完善思政课教师任职资格制度，把学校的优质师资力量、优秀人才选拔配备到思政课教师岗位上来。要确保政治过硬。把政治强作为思政课教师选聘的首要标准，选拔政治素质过硬、马克思主义信仰坚定、社会主义和共产主义信念坚定，在大是大非面前政治清醒的思政课教师，让有信仰的人来讲信仰。要确保品德过硬。思政课教师必须具有堂堂正正的人格、高尚的人品，能够以身作则教育引导学生健康成长的基本要求，确保思政课教师队伍的纯洁性。要确保业务过硬。重点考察教师是否具有扎实的马克思主义理论功底，在知识储备、教学水平、科研能力等方面能否胜任，确保教学业务能力精湛。将严格制度规定和健全日常教育督导结合起来，建立思政课教师退出机制，促进思政课教师以身作则、立德垂范、严于自律，守好三尺讲台，做到课上课下一致、网上网下一致、校内校外一致，自觉做为学为人的表率。

二是加强教师培养培训。加大培养力度，壮大思政课教师队伍，解决思政

课教师数量不足和质量不高的问题。要加强全员培训。建立思政课新任教师岗前培训、思政课骨干教师研修、班主任培训等综合培训机制，深入实施思政课教师素质提升工程，推动思政课教师教学技能大提升。培养一支专兼职并重的思政课教师队伍。重点培养一批专职名师，通过创设学校思政课名师工作室等平台，发挥示范引领作用，努力培养更多思政课名师。鼓励学校其他学科的教学名师、教学骨干走上思政课讲台，积极从社会各界聘任理论研究、教学单位和实践部门的专家学者与领导干部担任兼职思政课教师，吸引更多优秀人才加入思政课教师队伍。

三是加强教师激励机制。建立完善思政课教师激励机制，不断增强职业认同感、荣誉感、责任感。在工作上大力支持，把学校资源更多地投放到思政课教研一线，为思政课教师开展教学科研提供更多便利，创造更好条件，不断健全与思政课教师地位作用相匹配的支持体系。这方面的工作，我区走在全市前列，率先成立了思想政治工作常设机构区中小学、幼儿园德育工作领导小组办公室，并在区教研院成立思想政治工作业务指导部门德育部。在中共广州市委宣传部、广州市教育局和广州市人力资源社会保障局联合举办的推进思想政治理论课"三百"工作中，海珠区获奖总数全市第一。此外，在近两年举办的广州市中小学班主任技能大赛和中小学班级文化建设示范班评比活动中，海珠区获奖总数均居全市第一。这充分说明海珠区思政课教师业务有能力，工作有条件，干事有平台，发展有空间。

三、坚持"八个相统一"，着力推动思政课守正出新

推动思政课改革创新，要因事而化、因时而进、因势而新。习近平总书记提出的"八个相统一"，是思政课建设长期以来形成的一系列规律性认识和成功经验的科学概括，是推动思政课改革创新的重要原则。办好思政课，必须遵循思想政治工作规律，遵循教书育人规律，遵循学生成长规律。

一是提升思政课的理论性。坚持用习近平新时代中国特色社会主义思想铸魂育人，把习近平新时代中国特色社会主义思想作为思政课的核心课程，结合党和国家事业取得的历史性成就、发生的历史性变革，以现实的鲜活教材启迪学生，以科学的理论体系说服学生，以真理的强大魅力引导学生，使学生在潜移默化中增强对习近平新时代中国特色社会主义思想的认识理解和实践运用。积极发挥课堂教学主渠道作用，促进师生互动、教学相长，主动顺应学生成长

需求，及时研究新情况新问题，一项一项改进，使思政课始终能润物无声地给学生以人生启迪、智慧光芒和精神力量。

二是提升思政课的针对性。思想政治工作是释疑解惑的过程，要帮助学生认识人生应该在哪用力、对谁用情、如何用心、做什么样的人。要针对学生关注的疑难热点问题，推广一批"解惑式""引领式"思政课课例。要与时俱进，创新和优化思想政治课的教学内容，把党的最新理论成果特别是社会主义核心价值观和中华优秀传统文化有机融入课堂教学中。积极在思政课程开展案例式教学、体验式教学、情境式教学、问题导向式教学、议题式教学等，通过创新教学方式提高思政课堂教学实效，发挥思政课优秀教师队伍的主动性和创造性，推进思政课教师集中备课、集中研讨，打造一批海珠精品思政课程。

三是提升思政课的实践性。注重实践教学，构建思政小课堂、社会大课堂育人机制。通过新中国成立以来、改革开放以来的鲜活故事打动学生、引领学生、哺育学生，坚持教育同生产劳动和社会实践相结合，让思政课跳出书本课堂、融入实际生活，深化学生对国情、省情、市情的认识。要搭建更多思政课实践教学的平台，打造实践育人共同体，为思政课教学提供广阔天地和丰富实践资源。2020年是广州市争创第六届全国文明城市的总结之年，当前已进入决战决胜关键时刻。我们教育系统要积极响应上级的号召，在做好疫情常态化防控工作的前提下，按照"全系统齐动员，拧成一股劲，力往一处使，奋战二十天，创建文明城"的思路，充分发动广大党员干部、师生积极投身到创建工作中来，对标全国文明城市测评体系各项指标和要求，结合实际，积极推进"文明健康有你有我"公益广告宣传行动、"公筷公勺行动"、爱国卫生运动、文明餐桌、垃圾分类等重点工作，大力推进文明校园创建，为广州创文贡献自己的一份海珠力量。

四是要提高思政课的时代性。创新网络教学，建设网络思政课堂。将信息技术融入思政课堂，丰富教学形式和载体，运用新媒体、新技术整合网上教育教学资源，推动思想政治工作传统优势同信息技术高度融合，让思政课联网上线活起来。要加强学生互动社区、主题教育网站建设，把我们要讲的道理、情理、事实，用学生喜闻乐见的语言、易于接受的方式呈现出来，吸引学生主动靠近、自动连接。同时，要整体推进中小学学科德育建设，深度挖掘中小学语文、历史、地理、体育、艺术等所有课程蕴含的思想政治教育资源，解决好各类课程与思政课相互配合的问题，发挥所有课程育人功能，构建全面覆盖、类型丰富、层次递进、相互支撑的课程体系，使各类课程与思政课同向同行，形成协同效应。

四、切实加强党的领导，为思政课建设提供根本保证

要深化思想认识，加强党组织对学校思想政治工作的领导，把思政课建设作为重中之重，党组织要切实履行政治责任，学校党组织要履行主体责任，相关部门各司其职、各负其责，形成党委领导下齐抓共管的工作大格局。

一是加强党委政府对学校思想政治工作的指导和支持。当前，区委区政府把思想政治理论课建设摆上重要议程，抓住制约思政课建设的突出问题，在工作格局、队伍建设、支持保障等方面采取有效措施；建立党委统一领导、党政齐抓共管、有关部门各负其责、全社会协同配合的工作格局，推动形成全党全社会努力办好思政课、教师认真讲好思政课、学生积极学好思政课的良好氛围。坚持和完善领导干部联系学校制度，区委区政府班子成员经常性联系学校，党政主要负责同志将走上讲台给师生讲思政课，到学校调研，与师生交流，把学校思想政治工作做细、做实、做好。要选优配强学校领导班子，选好配强学校领导班子特别是党组织书记和校长，确保党对教育工作的领导权。

二是学校切实担起加强和改进思政课的主体责任。坚持从严管理和科学治理相结合，落实学校党组织管党治党、办学治校的主体责任，健全和完善学校党组织领导下的校长负责制，学校党组织书记、校长要带头走进课堂，带头推动思政课建设，带头联系思政课教师；配齐建强思政课专职教师队伍，建设专职为主、专兼结合、数量充足、素质优良的思政课教师队伍。

三是着力防范化解学校教育中的政治风险。学校特别是敌对势力渗透和西方价值观念侵蚀的重点目标，我们对此要高度警醒，采取有力有效措施防范化解风险。要旗帜鲜明坚持马克思主义指导地位，理直气壮地宣传马克思主义，牢牢掌握学校意识形态工作领导权、话语权，坚决用马克思主义占领学校意识形态阵地。要加强重点人员防范，严密监控教育领域政治重点人，及时进行敲打，加强教育转化，坚决抵御和防范各种敌对势力向校园渗透。要强化校园重要阵地管理，坚持正确政治方向和学术导向，抓好学校教材、课堂教学、讲座论坛、涉外交流合作项目等重要阵地管理，加强漏洞排查，落实整改措施，牢牢管好守住学校重要阵地。要发扬斗争精神，增强斗争本领，提升意识形态工作领导能力、鉴别能力和风险处置能力，坚决同各种错误思想和言论做斗争。

同志们，习近平总书记在全国思想政治理论课教师座谈会上的重要讲话，对新时代学校思想政治理论课建设指明前行方向，对广大思想政治理论课教师提出殷切期望，思政课是立德树人的关键课程，立德树人关系党的事业后继有人，关系国家的前途命运。让我们更加紧密地团结在以习近平同志为核心的党中央周围，坚持以习近平新时代中国特色社会主义思想为指导，全面贯彻新时代党的教育方针，推动学校思想政治工作创新发展，为培养担当民族复兴大任的时代新人、培养好德智体美劳全面发展的社会主义建设者和接班人做出新的更大贡献！

2020年9月4日

第二节 班级红色教育的三个"活"

习近平总书记指出："要把红色资源利用好、把红色传统发扬好、把红色基因传承好。"红色基因植根于革命先烈用鲜血染红的泥土中，赓续于一代代人不懈奋斗的事业中。青少年是祖国的未来、民族的希望，培养德智体美劳全面发展的社会主义建设者和接班人，需要班主任用好红色资源、讲好红色故事、加强红色教育，引领广大青少年学生"感党恩、听党话、跟党走"。

班级活动要以此为教育契机，创新构建红色教育课程育人、文化育人、活动育人、实践育人四大体系和学校、社会、网络三维矩阵，健全完善全员、全程、全方位"三全育人"机制，通过学、访、研、讲等多种方式，让红色课程"活"起来，让红色记忆"活"起来，让红色研学"活"起来，让红色底色"亮"起来。

一、让红色课程"活"起来

按照循序渐进、螺旋上升的一体化育人原则，班级活动要对红色教育目标进行整体规划，引领学生开展党史学习。小学阶段重点了解革命领袖和民族英雄的生平故事，培养学生对习近平新时代中国特色社会主义思想的情感认同，具有做社会主义建设者和接班人的美好愿望；初中阶段重点引导学生初步了解习近平新时代中国特色社会主义思想，感知中国特色社会主义的实践成就，强化做社会主义建设者和接班人的思想意识；高中阶段重点引导学生了解马克思主义中国化的历史进程及其理论成果，理解习近平新时代中国特色社会主义思想，衷心拥护中国共产党的领导和我国社会主义制度，形成做社会主义建设者和接班人的政治认同。

班主任可根据学段特点和地域特色，逐步建立小学阶段、初中阶段以乡土乡情、区情市情为主，高中阶段以省情国情为主的研学旅行活动课程体系。具体而言，小学以开展参观爱国主义教育（研学）基地、博物馆、美术馆、科技馆，志愿服务和社会公益活动，参观青少年宫、学生活动中心，参观名人故居等活动为主；初中以开展乡土教育、专题教育宣传、志愿服务和社会公益活动、参观名人故居等活动为主；高中以通过前往有知名度、科技含量较高的企业，参观其生产厂区、标志性建筑、生产操作、产品等，了解企业的历史、文化及管理经验，感知科技的发展脉络的产业研学为主。同时充分发挥区域教育资源、文化历史资源丰富的特点，响应国家的号召，积极开展走读家乡研学游。

学校层面可采取"基地+学校"合作模式，根据学校特色和学生特点，充分利用区域特有的文化遗产、历史遗迹、革命遗址、特色产业等红色资源，深入挖掘各学校蕴含的红色文化元素，开发红色教育地方课程和校本课程，以中国共产党革命、建设、改革进程中家乡大地涌现出的历史名人、英雄事迹为素材，阐述党的壮阔革命史、艰辛奋斗史、改革发展史，引导广大青少年学生立足脚下，志存高远，面向未来。

二、让红色记忆"活"起来

班主任可组织开展"传承红色基因、培育时代新人"教育实践活动，把学习党史、新中国史、改革开放史、社会主义发展史作为未成年人思想道德建设工作的重要内容，充分发挥党史、国史教育的综合育人功能，引导青少年学史明理、学史增信、学史崇德、学史力行，坚定理想信念，厚植爱国情怀，传承红色基因，赓续红色血脉。

此外，班主任还可以结合实际，开展阅读红色书籍、宣讲红色故事、寻访红色印迹、观赏红色电影、践行红色承诺、撰写红色征文等系列活动；征集具有本地特色、适合网络传播的红色教育文章、短视频、纪录片、微电影等，开展线上爱国主义教育。各学校利用春节、元宵节、清明节、端午节、中秋节、重阳节等重要传统节日，开展丰富多彩、富有价值内涵的文化活动。可结合地域特色，深化"我们的节日"主题活动，充分展现传统节日文化内涵和时代特色。如笔者在工作中组织开展了海珠区瀛洲小学的书法，海珠区后乐园街小学的咸水歌，广州市岭南画派纪念中学的广彩、版画、岭南美术、硬笔书法，广州市第九十七中学的舞蹈，广州市晓园中学的陶艺，海珠区菩提路小学的管乐和合唱，海珠区客村小学的语言艺术，海珠区南洲小学的中医药和广州市第四十一中学的版画课程等学校特色课程活动，能够很好地引导学生感受中华优秀传统文化，增进民族自豪感和文化归属感，铸牢中华民族共同体意识。

三、让红色研学"活"起来

笔者曾以"红色海珠伴我行　薪火相传育新人"为主题，组织全区中小学校参与100个红色教育基地（85个爱国主义教育基地，15个国防教育基地）开展的"五个一共建"活动：每个基地配备一位思政课指导名师、开展一个红色教育研究课题、培养一批学生红色宣讲员、开发一本广州红色研学游记、年度开展一次红色研学成果展示；与海珠区文广旅体局联合举办"传红色基因，讲红色故事——百年党庆红色宣讲"系列活动；与海珠区文博中心联合举办"百名红色宣讲人"活动。

笔者整合区域红色教育资源，开发海珠红色研学实践地图，为师生提供线上研学打卡、预约参观等功能。充分发挥各类教育基地、青少年宫等校外活动场所的作用，组织学生定期开展参观体验、专题调查、红色旅游等活动；结合公益劳动、社区服务、志愿服务等活动，让学生在研学实践中感受祖国大好河山，感受中华传统美德，感受革命光荣历史，感受改革开放伟大成就，激发学生对党、对国家、对人民的热爱之情。

班主任可结合文明校园创建工作，从红色教育氛围营造、课程建设、课题研究、活动组织、研学实践、宣传推广等维度，推动形成学校扎实抓好红色教育、教师主动投身红色教育、学生积极参与红色教育的良好氛围，推动红色教育质量水平的全面提升。

示例：在中小学"党史学习教育进校园"暨深化红色教育系列活动启动仪式上的讲话（节选）

各位老师、同学们：

在全党上下掀起党史学习教育热潮、举国同心喜迎中国共产党百年华诞之际，今天，我们在这里隆重集会，正式开启以"传承红色基因、培育时代新人"为主题的中小学"党史学习教育进校园"暨深化红色教育系列活动。

习近平总书记强调："革命传统教育要从娃娃抓起，既注重知识灌输，又加强情感培育，使红色基因渗进血液、浸入心扉，引导广大青少年树立正确的世界观、人生观、价值观。"中国共产党波澜壮阔的百年征程，是用信仰和鲜血铸就的红色历史；中华人民共和国的万里江山，底色永远都是鲜亮的红色。而我们脚下的这片土地——广州，是中国近现代革命的策源地之一，更是一座英雄之城、红色之城。在庆祝中国共产党成立100周年的日子里，在广州青少年学生中深入开展党史学习教育，进一步深化红色教育，正当其时，十分必要。

市委、市政府对深化红色教育、培育时代新人的工作高度重视，市委罗冀京副书记专门听取了有关工作情况汇报，今天还出席启动仪式，市关工委、市文明办的相关领导一同参与，共同推动"党史学习教育进校园"暨深化红色教育系列活动落细、落实。

开展党史学习、深化红色教育是学习贯彻习近平总书记在党史学习教育动员大会重要讲话精神的重要举措。系列活动相关方案此前已经印发各单位。全市各级教育行政部门、各中小学校要提高政治站位，站在培育担当民族复兴大任的时代新人、确保红色江山永固的政治高度，切实增强抓好系列活动的责任感和使命感，增强推动工作的主动性和自觉性。

开展党史学习、深化红色教育是广州市庆祝建党100周年，在全社会广泛开展党史、新中国史、改革开放史、社会主义发展史宣传教育的重要环节。各区教育局要结合实际，进一步细化方案措施，明确责任分工，落实经费保障，统筹指导区属学校开展红色教育工作，跟进督导，抓好落实。

开展党史学习、深化红色教育是教育系统落实立德树人根本任务，引导广大青少年学生坚定理想信念、厚植爱国情怀，听党话、跟党走的重要载体。各中小学校要认真落实工作部署，积极挖掘所在地区和本校的革命传统、红色底蕴、文化资源，不断丰富活动形式，打造自身特色品牌，确保活动取得实效。

广大教师要坚守"为党育人、为国育才"的从教初心，坚持"育人先育己"，在党史学习和红色教育中先当学生，再当先生，努力按照习近平总书记提出的"政治要强、情怀要深、思维要新、视野要广、自律要严、人格要正"的要求锻造自我、提升自我，带头参加学习教育，带头讲好党的故事，带头传播红色文化，努力成为学生成长道路上的优秀引路人。

广大青少年学生作为活动的主体，要积极行动起来，自觉投身党史学习教育，在回顾红色历程中传承红色基因，在触摸红色记忆中赓续红色血脉，努力争当"羊城·新时代红色传人"。

——要在党史学习、红色教育中了解共产党人不断推进马克思主义中国化的历史，感悟马克思主义的真理力量和实践力量，找到中国共产党为什么"能"的思想密码，为青春插上真理的翅膀。

——要在党史学习、红色教育中感悟共产党人不畏艰难险阻，不惧流血牺牲，矢志不渝奋勇前进，赢得最广大人民衷心拥护和坚定支持的初心使命，为青春锚定奋斗的方向。

——要在党史学习、红色教育中走近百年征程中涌现出的无数革命烈士、英雄人物、先进模范，自觉接受思想洗礼，让信仰之火熊熊燃烧，让精神谱系绵延不绝，为青春树立追随的榜样。

——要在党史学习、红色教育中感受我们党带领人民披荆斩棘、奠基立业所取得的举世瞩目的巨大成就，激励自己努力学习、成长成才，为青春积聚前行的力量。

各位领导、老师们、同学们，世界正经历百年未有之大变局，处在"两个一百年"历史交汇点上，我们更要着眼百年梦想，胸怀千秋伟业，在党史学习、红色教育中汲取智慧和力量，传承红色基因，培育时代新人，汇聚起奋进新征程的磅礴伟力，以优异成绩迎接建党100周年，为实现中华民族伟大复兴的中国梦而不懈奋斗！

2021年3月27日

第三节　班级主题活动的四个"度"

笔者通过创设全员型、家校社型、研究型和序列型等主题活动来提升班级管理的"参与度""广度""高度"和"深度"，从而促进了学生的"自管自育"。

一、全员型活动：拓展班级"自管自育"的"参与度"

教育必须走在学生发展的前面，班主任必须抓好学生成长的关键期。如何发挥学生参与班级管理的自主性和主体性，如何让学生全员参与班级管理，发挥每个人的聪明才智，互促互进，互帮互管，在全员互动和道德实践的过程中聚众之智、汇众之力，是班主任首先要思考的问题。笔者在开展班级文化建设活动中，让学生自己动手，营造具有班级特色、书香氛围浓厚、环境优美整洁、富有激励性的班级文化氛围，以此让班级管理升华到崇尚文化的层面上，从而提升班级的管理水平，促进学生的自主发展。

案例：自主文化引领自主发展

学期初，通过班级活动课，让全体学生分七组，精心设计班级文化，美化教室环境。第一组学生设计：门口展示班级风采窗，用绿箩布置课室，布置图书角，打造书香课室；第二组学生设计：胶卷造型的生活照片栏；第三组学生设计：扬帆启航式心愿墙，将苹果形便利贴给同学们，让他们写下大学愿望；第四组学生设计：卫生用具扫把和水桶等造型卫生角；第五组学生设计：书的造型，可以展示学生优秀作文和作业；第六组学生设计：阶梯状班级标语；第七组学生设计：花草造型的班级公约栏。在学生共同协作布置好美丽的班级后，班主任顺势引导："这么好的环境，是我们大家共同学习、共享快乐的家园。我们应该怎样迎战高考呢？"从学生的分享中，我们可以感受到，只要创设好活动平台，增强学生主人翁意识和责任意识，激发学生自觉力，学生自然会内化为自觉行动，主动管理，主动服务，自主发展。

二、家校社型活动：提升班级"自管自育"的"广度"

2021年7月，中共中央办公厅、国务院办公厅印发了《关于进一步减轻义务教育阶段学生作业负担和校外培训负担的意见》，要求义务教育学校要做到课后服务两个"全覆盖"——义务教育学校全覆盖、有需求的学生全覆盖。要做好这项课后服务，笔者认为可以充分整合家庭、社区资源，丰富教学内容，实现家校社共育，孩子多元成长。党的十八大以来，习近平总书记围绕注重家庭、注重家教、注重家风建设发表了一系列重要论述，强调"家庭的前途命运同国家和民族的前途命运紧密相连"，家校社协同育人已然成为全社会的共识和追求。家长、社区的力量有组织、常态化、制度化地参与到班级自主化管理中，必将对学生的成长和班级的发展起到独特而积极的作用。

案例："力学家油站"破解"晚修难"

笔者曾就职的广东省广州市南武中学，每天傍晚的门卫室里，都有一批特殊的晚修管理员经核验身份证后进入校园。他们不是老师，不是社会人员，而是学校"力学家油站"的志愿者。学校为了满足学生及家长在校上晚修的请求，所有班级向学生开放晚修，不收取任何费用。这样就增加了学校的管理难度，每天晚上开放全校课室，仅靠老师的力量不够，怎么办？为此，我们想到了在家校合作中增加新元素——借助从学生到家长参与班级管理的"自管自育"，先后成立了由学生、家长自愿加入的力学家油站（"力学"一名取自南武中学八字校训"坚忍，奉公，力学，爱国"，冠南武之训，传家长之爱；"家油站"谐音"加油站"，家长通过参加义工站活动为孩子加油，督促孩子奋力学习）。推选出站长，建立了章程及网站。义工站里的家长都很体谅老师的艰辛，义无反顾地挑起晚修轮值工作。现在，南武中学全部实现每晚每班一至两位家长看晚修，晚修纪律变得前所未有的好，家长坐班看晚修成了南武中学又一道亮丽风景线。

三、研究型活动：提升班级"自管自育"的"高度"

教育评价是教育活动的"指挥棒"。为深入贯彻习近平总书记在全国教育大会上的重要讲话精神，着力扭转不科学的教育评价导向，2021年3月，教育部等六个部门联合印发了《义务教育质量评价指南》，聚焦学生的终身发展、全面发展和主动发展。当前，作为一线班主任，要注重开展对学生评价的研究与实践，坚持因材施教，知行合一，为学生的主动发展提供引导和支持，努力提升学生自我教育、自我发展的意识和能力，让学生成为学习和生活的主人。当前，班主任尤其要强调把外在的作业、睡眠、手机、读物、体质"五项管理"内化为学生的自觉行动，促进学生的主动发展。

案例：自己当"家"管手机

2021年1月，教育部办公厅印发了《关于加强中小学生手机管理工作的通知》，指出：中小学生原则上不得将个人手机带入校园。确有需求的，须经家长同意、书面提出申请，进校后应将手机交由学校统一保管，禁止带入课堂。但是，学生违规使用手机的问题还是屡禁不止，班主任为此头痛不已。鉴于此，笔者和班委们商量之后决定就此问题开展研究，寻找解决方案。没想到，学生听说要研究"手机问题"，纷纷建言献策，有人提出《自己"说"了算，自己来当"家"》的辩论赛方案，希望将"学生带手机进校园到底利大还是弊大"的发言权交给学生自己，实现自己来当"家"管手机。有学生设计了调查问卷来分析"学生在校园使用手机的利弊"，具体操作程序是：先利用班会课进行开题报告，再运用问卷调查法、行动研究法及文献研究法，收集整理了大量数据，最后利用班会课，学生们就"在校园使用手机的利弊问题"进行结题报告。学生们辩证地指出："世界上很多东西都有两面性，手机进校园至少有'七宗罪'——干扰课堂秩序、浪费学习时间、考试有可能借'机'作弊……"这期间，许多学生还形成了自己的"学术成果"：宣传委员组织同学们一起将使用手机对学习、生活和他人的影响等数据分析做成饼图贴在宣传栏上；学习委员把结题报告整理成了论文……自从开展此项专题研究后，学生们清楚地认识并理解了在学校使用手机的弊端，在校园内使用手机的情况大为好转。

四、序列型活动：挖掘班级"自管自育"的"深度"

课堂是落实学生核心素养的主阵地，也是学生自主发展的主阵地。传统的主题班会课，班主任根据教育教学要求和班级学生的实际情况确立主题，围绕开展活动，对学生的教育缺乏连贯性、系统性，教育效果短暂而无长效。为了实现德育目标自主化、内容生活化、操作系统化、方式活动化，更好地提高德育工作实效，遵循"远处着想、大处着眼、细处入手、系列统一"的原则，笔者在实践中构建了序列化主题班会机制，对各年级主题教育分阶段、分主题、有侧重地长抓不懈，取得了良好实效。如高三阶段，是学生比刻苦、比毅力、比方法等的关键一年，笔者形成了一套具有地域特色的序列化、规范化与课程化的高三经典主题班会教材，实现了班级自主化管理的深度连续。

案例：让班级活动走向"自管自育"

第一学期

筑梦　经历高三，也是一种幸福

技巧　做自己的时间"规划师"

成人　十八而志，青春昂扬

心态　走出"高原期"

第二学期

超越　我能"挂挡提速"——"一模"主题班会

冲刺　苦战百日，冲刺高考

调适　与"压力"做朋友

亮剑　来吧，高考君！（考前叮咛）

班级管理的过程是班主任引导学生不断认识自我和完善自我的过程。中小学班级"自管自育"对学生而言，就是最大限度地挖掘自身的主体性，充分认识自我，优化自我行为。通过自定成长目标，自析成长环境，自寻成长动力，自开成长渠道，自研成长方法，自评成长效果，成为自主全面发展的人。对教师而言，学生的"自管自育"能改变以往教师管理、学生被管理的局面，改善师生关系，提高师德素养，提高教育与管理学生的技巧和策略，并从烦琐的管理工作中解放出来，更好地提升教学效果和提升自我。

第八章

班级"自管自育"与 自育式主题班会

第一节　什么是自育式主题班会

主题班会是学校德育的主阵地，是学校立德树人的主要平台，是班主任对学生进行思想品德教育最有效的形式。学生自主准备和参与的主题班会是学生最容易受到教育的活动，因为准备和参与的过程尤其能锻炼与培养学生的集体责任感、主动参与意识、与他人合作的能力、组织能力和创造能力。从这一角度来说，班级管理实现"自管自育"的重要载体就是主题班会。通过序列化地组织和开展好自育式主题班会课，班主任能够在对学生进行思想教育的同时，培养学生自主能力，增进师生情谊，提升教育效果，更有效地实现班级管理目标。

一、自育式主题班会含义

自育式主题班会就是让学生"自主"开展班会教育，其基本特点是整体性、系统性，即学生"自主"设标、"自主"设置、"自主"设法、"自主"设评、"自主"构建各个阶段的主题班会活动。一堂自育式主题班会，最重要的是要体现全程自主——自主备课，自主组织，自我反思。

在具体操作上，可以从两个方面入手。

一是从纵向看，要使主题班会序列化，体现由浅入深、层次递进，形成序列。要针对不同年龄段学生的心理特点和每个年级的德育目标，将教育目的与学生实际发展水平结合起来，形成系列，交叉进行，并有所侧重。如七年级侧重于适应性教育、习惯养成教育、集体荣誉感教育；八年级进行生命教育、青春期教育、理解感恩教育、网络教育，并逐步引导学生向自主、自觉、自律转化；九年级进行理想教育、责任教育以及考前心理调适。每个年级的教育序列都通过主题班会的活动方案来呈现设计意图。

二是从横向看，要使各系列主题班会活动形成相互联系、相互促进，充分发挥整体德育功能的活动体系。实施德育的途径是多种多样的，与之相适应的主题班会活动形式也是多种多样的，但笔者认为最经常、最大量、最直接的就是学生的自我养成教育、班集体建设、心理品质教育、励志成长教育。因此，班主任所要构建的主题班会活动体系大都是针对这四个系列活动而言的，即养成教育系列、班集体建设系列、心理品质教育系列、励志成长教育系列。

二、自育式主题班会的作用

（一）有利于改变课堂氛围

自育式主题班会的主题是学生自主确定的，这样更符合当代学生的心理特点和探知需求，所以在课堂上更能引起学生的共鸣，课堂气氛非常热烈。

（二）有利于改善同学关系

自育式主题班会的开展有利于同学间的交流，加强彼此的相互了解，极大地改善了同学间的关系，拉近了他们之间的距离。

（三）有利于学生发挥主观能动性

自育式主题班会的开展有利于发挥学生的主观能动性，培养学生全面发展的能力。"台上一分钟，台下十年功。"一节完整的主题班会课，"内容的确定——思路的选择——课件的制作——课堂操作——自我反思"，对于学生来讲，其中任何一个环节都是挑战。

第二节　自育式主题班会的实践策略

一、开展形式

为了调动全体学生的参与积极性，挖掘每一位学生的潜力，更好地发挥集体智慧，班委会集中讨论，自主决定自育式主题班会的开展形式。

（1）主题班会课采取小组轮流制度，每小组每次推选一人主持班会课，每成功组织一堂主题班会课该小组加2分，计入小组综合考评中。

（2）小组内部每次派出的主持人采用轮流制度，确保班上每位同学至少都有一次机会主持一堂班会课。

（3）班会主题和形式由小组自议自定。小组成员一起收集资料，共同协作，发挥集体智慧，制作主题班会课件。

（4）班主任在课前、课中、课后做好指导和相关的协助工作，课后由小组写好心得与反思上交班主任处存档。

二、主题选择

（一）激励型

激励型主题班会课旨在让学生通过分析现状制定明确的学期目标，并朝着目标不懈努力，不惧挑战。以高中为例，参考选题如下。

（1）欲戴王冠，必承其重

（2）我的未来不是梦（谈学习动力）

（3）新年新征程，迎接新挑战

（4）我为何而学（谈未来规划）

（5）"新四军"的破冰之旅（谈新班级组建）

（6）高三，你好！

（二）指导型

指导型主题班会课重在指导学生学习方法，分享学习经验，让学生养成良好的学习习惯，进而形成个性化的学习方法。参考选题如下。

（1）惜时如金，高效学习（谈时间管理）

（2）细节决定成败

（3）我的未来我负责（谈态度、目标、方法）

（4）低调备考，高调呈现

（5）头脑特工队（多校联考分析）

（6）宁做蛀书虫，莫做刷题狗（谈理性备考）

（7）做最好的自己（考前指导）

（三）讨论型

讨论型主题班会课旨在发挥学生班级主人翁地位、加强学生班级管理意识、深化自我教育意识等。参考选题如下。

（1）我有资格玩吗（谈时间管理）

（2）我们保持联系却依旧孤单（谈沟通方式）

（3）我们（谈团队精神）

（4）校园，我们的家园（谈垃圾分类）

（5）思维激荡，谁主浮沉（辩论赛）

（6）独立之精神，自由之思想（谈我理想的班集体）

（四）放松型

如果班会课一味谈论学习和理想，学生或有审美疲劳，而且会在一定程度上造成学生的心理压力，尤其是平时学习压力较大的学生，需要适当地调剂。适时开展放松型的班会课，如礼物交换大会、新年盘点、班级辩论赛等，能增进学生间的情谊，排解备考的压力。

此外，户外型班会课也是学生特别感兴趣的一种形式，每个学期适时开展几次，既考验脑力也考验体力，既能互动游戏又能思考反思，既增强了班级凝聚力又给学生的学习生活增添了色彩。

三、实践策略

（一）要善于发现

主题班会课的素材既可以参考学校、年级的教育目标和教育要求，也可以从学生的生活实际中挖掘。如学生的学校生活、家庭生活、个人成长经历等，只要学生或班主任有敏锐的感触，有一双善于发现的眼睛，仔细观察和思考，一定能从中发现富有教育意义的班会内容。

笔者开展过的一节班会课，灵感就来源于某天早晨听到的一则广播，广播内容是关于跨年夜的全年盘点。于是，笔者临时将当天原定的班会课主题更改为"凡是过往，皆为序章"，由每位同学上台发言，讲述过去一年最让自己感动的人或事以及对新一年的寄语。有同学谈及亲人的离世落泪，有同学谈及对即将迎来的高考充满期待……班会课结束后，给每位学生发放空白新年祝福卡，让学生亲自写下新年寄语并张贴在课室公告栏上。虽是一次临时起意，但此次班会课的教育效果很是不错。

（二）要把舞台交给学生

学校生活丰富多彩，学生多才多艺，作为班主任，应尽力给学生提供展示的舞台，让他们分享自己的兴趣爱好及所见、所闻、所感、所思、所获。如学期初先定好几个主题班会课的时间节点，由学生自由报名组队，形式与内容由学生自定，确定后提交申请给班主任审查。学生一般会提前一周开始准备，分工协作、设计流程、收集素材、制作PPT、设计发言，班主任则主要负责总结提升。学生开展的班会课内容丰富，形式多样，大多贴近自己的生活实际，每位参与的同学都能得到锻炼，班主任的工作负担也有所减轻。

（三）要与时俱进

当然，随着时代的进步，学生群体的变化，班会课的内容和形式也需与时俱进，"课后服务""五项管理""家校协同"应是自育式主题班会的应议之题。紧跟时代的教育，才是有教育实效的教育。

第三节 自育式主题班会设计案例

案例：星辰遥望 科技兴邦

（本案例荣获2021年广东省中小学班主任基本功展示交流活动"主题班会"一等奖，广州市海珠区逸景第一小学熊凤代表广东省参加2021年全国中小学班主任基本功展示交流活动）

主题班会题目、背景、目标、准备	
班会题目	"星辰遥望 科技兴邦"

背景分析（从学情分析、主题解析两个方面分析；主题解析侧重分析班会选题和主题间的关系）

学情分析：

六年级学生正处于青春期初期，此阶段学生的身心变化对其性格、行为发展都会产生深刻影响。学生的思维从感性思维更好地向理性思维过渡，思维能力提升。

同时，六年级学生的自我意识、评价能力充分发展，但意志不够坚定，缺乏自我调节能力。学生正处于人生的重要转折点，教师应多关注学生心理需求，耐心疏导，引导学生树立奋斗目标，创设施展才华的空间，增强自主意识和主人翁意识。

主题解析：

今年是建党100周年，也是中国航天事业创建65周年。习近平总书记在庆祝中国共产党成立100周年大会上指出，一百年来，中国共产党团结带领中国人民进行的一切奋斗、一切牺牲、一切创造，归结起来就是一个主题：实现中华民族伟大复兴。在党中央坚强领导下，65年来，中国航天从白手起家建立"两弹一星"的丰功伟绩，到以载人航天、月球、火星探测等为代表的重大航天工程屡获突破，为中华民族实现从站起来、富起来到强起来的伟大飞跃提供了磅礴动力，成为实现中华民族伟大复兴中国梦的战略支撑力量。

未来的社会将是一个智能的社会，而教育孕育的就是未来的社会，因此今天的教育必须关注科技创新技术。本课通过引导学生收集资料和学习，了解中国科学技术的发展与成就，激发学生对科技的兴趣，增强民族自豪感，初步了解少年梦与强国梦的关系，从小树立目标，立志为国为党做贡献。

主题班会题目、背景、目标、准备

针对这一时事热点话题，结合我校科技创新的实践活动，确定了"星辰遥望 科技兴邦"的主题班会。

班会目标（从认知目标、情感目标、行为目标三个方面分析，目标要具体）

认知目标：初步了解中国航天科技的发展，认识到科技的力量。

情感目标：激发学生对科技创新的热情，培养民族自豪感。

行为目标：树立明确的目标，懂得从小事做起，为梦想奋斗。

班会准备（从学生准备、教师准备等方面分析）

教师层面：课件制作、3D打印机、扫地机器人、小爱音箱等。

学生层面：梦想卡、小组汇报、课前收集的资料卡。

班级布置：星辰宇宙板书

班会过程

（每个环节的过程要具体展开，有生成材料）

导入部分：天问落火引发关注

（一）播放视频

火星探测任务顺利完成，阅读习近平总书记的贺信。

天问一号探测器着陆火星，迈出了我国星际探测征程的重要一步，实现了从地月系到行星际的跨越，在火星上首次留下中国人的印迹，这是我国航天事业发展的又一具有里程碑意义的进展。你们勇于挑战、追求卓越，使我国在行星探测领域进入世界先进行列，祖国和人民将永远铭记你们的卓越功勋！

希望你们再接再厉，精心组织实施好火星巡视科学探测，坚持科技自立自强，精心推进行星探测等航天重大工程，加快建设航天强国，为探索宇宙奥秘、促进人类和平与发展的崇高事业做出新的更大贡献！

（二）引出课题

百年之际，天问落火，这是中国科学实力的表达，2021年10月16日，我国的"神舟十三号"也顺利登空，彰显了我国太空实力的进一步提升。今天，让我们一起循着科技强国之路，开展我们的主题班会课。

环节一：航天故事梦在九天

（一）主题汇报，引发思考

1.同学们，嫦娥奔月、敦煌飞天……中华儿女自古就怀揣着飞天梦。课前，大家都分组收集了资料，哪个小组能说说你们的发现呢？

2.学生小组汇报交流：以中国航天史的五个"第一"为主题来展开汇报。

学生1：介绍"世界航天第一人"——万户

学生2：介绍"中国第一颗人造卫星"——"东方红1号"

学生3：介绍中国第一位飞上太空的航天员——杨利伟

学生4：介绍中国首位太空女教师、首位出舱女性宇航员——王亚平

学生5：介绍中国第一个空间实验室——"天宫1号"

续 表

班会过程

（二）交流讨论，互动分享

1.学生交流收集资料的体会，说说自己小组的发现。

2.小结：是啊，刚刚我们听到的五个"第一"，是我国航天史上的五个里程碑式的时刻，代表我国航天事业的一个个零的突破，凝结着一代又一代航天人不懈追求的成果。

设计意图：通过主题式小组汇报形式，让学生快速进入课堂学习氛围，初步感知我国航天的历史进程，感知中国航天事业的发展态势，激发民族自豪感。

环节二：航天精神辉光闪耀

（一）有趣的太空生活

1.讨论交流：同学们，你们想过，身处茫茫太空，居住在中国空间站的生活是怎样的吗？

2.教师小结：大家了解得挺多。那么，你们想去看看吗？请看。

3.播放视频：看了视频，你有什么想说的？（播放中国空间站的生活视频）

4.学生交流、分享感受。

过渡：其实，看似充满乐趣的太空生活，也充满了许多未知的危险。中国第一位飞天宇航员——杨利伟叔叔就把他的经历写成了故事。让我们去感受一下他从太空返回地球时，惊心动魄的一刻。

（二）艰难的飞天之路

1.走近人物：中国飞天宇航员第一人——杨利伟将太空生活经历写进故事里。

太空一日（选入时有删节）

10月16日4时31分，我接到了返航命令。

5点35分，飞船开始返回。

6点04分，飞船进入稠密的大气层。

快速飞行的飞船与大气摩擦，产生的高温把舷窗外面烧得一片通红；通红的窗外，有红的白的碎片不停划过。

突然，我发现飞船右边的舷窗开始出现裂纹！

这种细细的碎纹，眼看着越来越多，说不恐惧那是假话。外边可是1600～1800℃的超高温度啊。

我的汗水冒出来了。

这时候，舱内的温度也在升高。

飞船急速下降，跟空气摩擦产生的激波，不仅有极高的温度，还伴随尖利的呼啸声；飞船傍着不小的过载，在不停振动，里面咯咯吱吱乱响。外面高温，不怕！有碎片划过，不怕！过载也能承受！但是看到舷窗的裂缝，我心想：完了，这个舷窗不行了。

人类开展载人航天活动以来，已有22名航天员献出了宝贵的生命，其中11人就是在返回着陆过程中牺牲的。

美国的"哥伦比亚号"航天飞机不就是这样出事的吗？一个防热板先出现一条裂缝，然后高热就使航天器解体了。

当右边舷窗裂到一半的时候，左边的舷窗也开始出现裂纹。

这个时候我反而放心一点了，因为如果是故障，重复出现的概率并不高。

班会过程

此时，飞船速度已经降下来，上面说到的异常动静也已减弱。

这时舷窗已经烧得黑乎乎的，我坐在里面，怀抱着操作盒，屏息凝神地等待着配合程序……

2.感悟精神：惊险的返航经历，一定深深触动了你，此刻，你有什么想说的？

过渡：飞天之路充满艰险，甚至会为此付出生命的代价。那究竟是什么让我们探索宇宙星空的脚步从未停歇呢？

3.提炼精神：是的，航天人始终秉承特别能吃苦、特别能战斗、特别能攻关、特别能奉献的精神拼搏进取，是他们让我们触摸到梦幻般的星辰大海，是他们让我们看到了大步向前的中国力量！

4.情感升华：体会航天精神的内涵，不仅仅是宇航员，还有默默付出的科研团队，他们攻坚克难，用智慧、决心和毅力，不断推动我国的航天事业更好地发展。

设计意图： 通过思维碰撞，把学生体验到的感受及时表达出来，达到由具体到抽象思维的过程，落实情感目标。

环节三：科技领航　开拓创新

（一）金色名片创新引领

1.学生介绍实地参观体验。

学生汇报：看，这里是位于番禺大学城的广东科学中心，是广东省大型综合科教基地。它是我们广东的"科技航母"，从高处往下看像一朵木棉花，造型非常独特。馆内一共设有10个常设主题展区，其中包括4座科技影院（IMAX巨幕影院、4D影院、球幕影院、虚拟航行动感影院）和融自然、科技、艺术为一体的室外科学探索乐园，拥有8万平方米生态湖、2000多种岭南特色植物和数十个室外展项。

2.教师小结：听了介绍，一定激起了大家去实地参观的兴趣，科学中心擦亮了广东科技创新的金色名片。身为广州人，我们为自己所在的城市自豪，为祖国的科技创新之路而骄傲！

（二）链接生活展望未来

1.科技已经融入了我们生活的方方面面，让我们的生活发生了变化，课前，同学们通过调查研究，都有哪些发现？哪个小组想给大家介绍一下？

学生1：介绍扫地机器人的功能和原理，并实际演示操作。

学生2：展示3D打印机的成品，介绍3D打印机的使用方法与流程。

学生3：展示小爱音箱的使用方法。

互动交流：让学生现场与科技创新的产品近距离接触。

过渡：你们身边还有哪些科技创新的产物？（智能手表、智能家居用品等）

2.小结：是啊，科技改变了我们的生活，也推动了社会、国家的高速发展。习近平总书记曾说："科技兴则民族兴，科技强则国家强。"

设计意图： 根据爱德加的"学习金字塔"理论，听、说、读、写、做中，做的效果最佳，体验式活动以学生为主体，让学生在自主展示、自主体验中感受身边科技的力量，促使学生经过经验的转换而获取知识。

续　表

班会过程

环节四：强国有我　乘风启航

（一）小苗茁壮，梦想萌芽

1.回顾活动：回望人类文明的历程，科技之光点燃了人类文明的天空。科技创造着未来，而未来在我们手中。同学们，咱们学校就开展了许多科技活动。

图片及视频展示：

（1）学校"放飞梦想，体验科技"科技节活动。

（2）学校"壮丽七十年，追梦新时代"活动。

2.交流感受：分享参加科技节的感受，学生会分享自己参与活动时的好奇、自豪感与迫切希望参与其中的浓厚兴趣。

3.小结：是啊，一个个科技小能手，展现了科技力量在我们身边萌芽的蓬勃态势，热情、兴趣和好奇心，就是实现梦想的助燃器。有梦想，有机会，会奋斗，一切美好的东西都能够创造出来。

（二）接力赛跑，奏响强音

1.书写梦想：少年强则国强，少年梦，也将写进中国梦。你们的梦想是什么？作为小学生，我们可以为实现梦想做哪些准备？快写进梦想卡吧！

2.交流分享：谁来读读自己卡片的内容？

学生分享自己的梦想，并说出为了实现梦想需要做出的各种准备。

3.放飞梦想：

（1）学生将梦想卡张贴在梦想飞船上。

（2）寓意着让航天飞船载着学生的梦想高飞。

4.教师小结：同学们，无数少年梦将汇聚成强国梦，让我们牢记在庆祝建党100周年大会上亿万青少年的铮铮誓言，信心满怀接过时代的接力棒，高呼青春誓言——

"奋斗正青春，青春献给党。请党放心，强国有我！请党放心，强国有我！"

总结全课：同学们，这节课就上到这儿。课后，大家可以利用周末时间去广东科学中心实地参观，制作画报，我们将开展"科创百年班级科技展"，并通过班级公众号评选出"科技梦想先锋"，期待你们的精彩！

设计意图：德育是动态生成的过程，本环节促使学生将反思付诸行动，在行动中修正、落实行动目标

班会后延伸教育活动

一节主题班会课无法解决所有问题，为了培养学生的科技创新热情，进一步增强他们的主人翁意识，明白实现中华民族伟大复兴中国梦也离不开少年学子的努力，开展课后延伸教育活动。

"科技地盘"我争创：鼓励学生利用课后时间到广东科学中心实地参观，了解科技日新月异的变化，在班级开展"科技微展台"，并选取优秀作品布置班级，创造班级的"科技地盘"，让班级环境时刻传递科技创新的力量。

"科技先锋"我争当：从分享科技知识到动手实践，引导学生积极运用个人或团队智慧开展"科技小发明"的评比活动，充分丰富学生的科技创新能力，进一步激发科创兴趣，让学生懂得做生活的有心人，明白科技创新来源于生活，提高思维创新能力。

续　表

班会后延伸教育活动
"科技课程"我争学：科技创新是一门学问，需要不断更新学生的认知。因此，我们会邀请从事科技创新工作的家长作为校外辅导员，开设《科技之光》班本课程，让学生通过班级公众号和网络云空间选修科技小课程，每学期进行"科技知识竞赛""科创小达人"活动，进一步提升学生的科创能力
班会反思
本节课教学效果良好，教学目标完成度高，能突破教学重难点，课堂生成资源丰富，师生互动性强，课堂气氛活跃，是一节有亮点的、渗透了爱国主义情怀、融合了科学创新元素的主题班会课。 本节课的亮点主要体现在以下几点： 第一，教学目标明确，教学环节清晰，层次分明，可操作性强，以航天话题为引子，渗透科创元素，把爱国主义教育无痕地融入教学过程中，从导知到导行，符合学生的认知发展规律。 第二，教学方法灵活，以活动体验法为主，小组讨论法和教师讲授法为辅。 第三，活动设计具有时代性，结合我国航天事业发展的时事动态，通过多元探究形式，激发学生的科创探索兴趣与热情，内容新颖，素材丰富。 第四，教学理念先进，教学设计环节以学生体验为主，凸显学生主体性，让学生在课堂上动脑、动手、动情，调动学生积极性，及时给予积极反馈，让学生充分享受课堂，达到情感与理性认识的同频共振。 本节课的不足是，由于时间关系，教师无法及时对每个学生的探索都给予回应，本课结束后会开展相关的系列班会，继续深入挖掘科学创新的时代元素

第九章

班级"自管自育"与
班主任专业化自主发展

第一节　班主任专业化自主发展的内涵

一、什么是班主任专业化

一名优秀的班主任，首先应该是一名优秀的教师。然而，班主任的专业角色与教师的专业角色有所不同，班主任除了和任课教师一样需要完成好教学工作之外，还要履行班主任的职责。班主任在学生健全人格和健康心理的形成中起着"航标导向"的作用，在沟通社会、学校、家庭三位一体的过程中起着"桥梁纽带"的作用。因此，在教师专业化发展和教育评价改革的二元背景下，现代教育呼唤班主任专业化已成为共识。

班主任专业化从职业群体角度看，指班主任从经验型向专业型的不断发展，逐步符合专业标准，成为专门职业，并获得相应地位的动态过程；从个体角度看，指班主任自身专业持续发展，日臻完善的过程。班主任专业自主发展需要班主任自主学习、研究专业理论与方法，对自己的工作进行深度理性思考，实现从实践者到研究者的转变，需要不断探索、分析、总结、提炼、构建，从而开创新的工作思路和工作方法。

当然，班主任专业化具有特殊性，如对学生的精神关怀是班主任专业化的核心内容。

二、班主任专业化的特殊内容

（一）给予学生精神关怀

班主任专业化最重要的能力就是对学生的精神关怀。关怀学生的心理生活、道德情操、审美情趣等。因此，学会关心、理解、尊重、信任学生，是对班主任专业化的首要要求。

（二）建设好班集体的能力

形成班级教育目标的能力。善于调动学生积极性，共同讨论、制定班级奋斗目标；目标始终定位在学生的发展上，有针对性、体现班级特色、体现发展性要求。

组织班级教育活动的能力。善于组织多种多样的班级教育活动，切实提高活动的实效性，善于让学生在活动中展示自我、发展自我、实现自我。

优化班级文化的能力。具有建设富有生命活力的班级文化的能力，发展积极的班级精神，形成有特色的班级文化。学会在班级文化创造中发展学生。

人性化班级管理的能力。班级教育管理的特点是教育性，管理的过程应是教育的过程，应是为育人服务，最重要的是具有以人为本的管理理念，能充分发挥人的积极性，为学生的发展创造良好的条件。

形成协同育人的能力。善于拓展班级育人空间，依靠学校、社区、家庭的力量，使班级教育与学校教育、家庭教育、社会教育共同形成育人共同体的能力。

具有发展性评价的能力。发展性评价的目的是引导、激励、促进学生的发展。发展性评价主要是对学生德行发展、心理发展、能力发展的评价。善于根据不同的情景、不同的学生，运用多种方式（包括奖惩等方式）进行评价，给学生的操行评语是制度化的评价方式，宜人性化、个性化、审美化。

上述各方面能力相互联系，构成了完整的班级教育能力。这是班主任应具备的主要的教育能力，也是班主任专业化最重要的基本功。

三、班主任专业化自主发展的基本内涵

班主任专业化自主发展的内涵，笔者认为可以这样表述：以教师专业化标准为基础，逐步掌握德育、心理健康教育与班主任工作的理论知识，经过长期的自主学习与培训提高班级德育的能力，提高自身学术地位和社会地位，全面有效地履行班主任职责。班主任专业化自主发展的主要内容包括且不限于有深邃的教育思想、深厚的教育情怀、丰厚的专业功底、强烈的创新精神。

具体来说，班主任专业化自主发展需要多向发力，齐头并进。

一是从专业知识方面来看，班主任相比于一般科任教师要了解和掌握得更加广泛与深入。班主任需要了解"德育原理""班主任学"的基本理论知识

和实践知识，需要基本掌握"班级管理学""班主任工作行为学"的相关理论知识，并逐步运用到学生教育和班集体建设与管理之中，形成自己的班主任工作风格。

二是从掌握先进的教育技术方面来看，班主任需要比一般科任教师更超前、更熟练，应该具有熟练运用信息技术开展德育工作的能力。

三是从文化素养方面来看，由于班主任专业角色的丰富性，需要对学生进行心理、科技、环保、艺术等多方面的教育，因此，他们必须对政治、经济、文化、哲学以及自然科学、人体科学、医药卫生保健知识和环境保护知识有更多的了解。

四是从专业能力方面来看，班主任不同于科任教师的是，要对班集体进行建设与管理，需要组织开展丰富多彩的班集体活动，因此其组织管理能力、研究学生、学生家庭和社会的能力，组织班集体活动能力等相对要强，并具备一套教育管理的技巧。

五是从才艺方面来看，班主任应多才多艺。如果班主任具有文艺、体育等多方面的业外才艺，将对建立良好的师生关系、形成班集体良好的心理氛围起到重要作用。

六是从教育科研的范围来看，班主任的研究领域比一般教师的研究领域更加广泛。班主任既要研究教学领域的问题，又要研究德育、心理健康教育、家庭教育以及班集体建设与管理过程中遇到的问题。

四、班主任专业化自主发展的意义

（一）有利于提高班主任的社会地位和学术地位

班主任的社会地位和学术地位的提高，尽管与党和政府的重视以及社会、家庭的信赖有关，但仅靠改善待遇和提高声誉是远远不够的。班主任只有自己行动起来，努力提高专业知识和专业能力水平，使自己从经验型的班主任向研究型的班主任发展，使自己的专业成熟程度不断提高，真正成为训练有素的不可替代的角色，才能从根本上改变班主任的职业形象，提高其社会地位和学术地位，使班主任工作成为令人尊敬和羡慕的职业。

班主任要提高自己的社会地位和学术地位就要树立终身学习的思想与教育科研意识，要彻底改变专家学者搞科研，班主任搞实践的传统观念。班主任必须持之以恒地参与进修学习和教育科学研究，要把自己的一切教育行为作为批判和反思的对象，不断改进自己的教育方法，融专业服务与专业研究为一体，表现出"实践者即研究者"的特征。

（二）有利于提高班级管理和建设的水平

影响班级管理和班级建设水平的因素很多，有学校校风的影响，有班级实际水平的制约，有学生自身素质的限制，有班级教师群体合作程度的推动，但是，班主任工作才是班集体建设的关键因素。班集体建设与管理是一项复杂、专业性很强的工作，不仅需要先进的教育观念的"先导"以及班主任人格力量的支撑，更需要班主任的教育智慧和专业能力的支持。班集体要由"松散群体"朝着"成熟班集体"发展，班主任必须处理好班主任"教育主体"与学生"学习主体"的关系，"刚性管理"与"柔性管理"的关系，以及"物化环境"与"心理环境"的关系等。由此我们可以得出这样的结论：班主任的专业化成熟程度与学生思想品德的提高和班集体发展速度、发展水平成正比。

（三）有利于促进学生"全面发展基础上的个性发展"

素质教育是"以人格育人格，以素质育素质，以能力育能力"的事业。

"全面发展基础上的个性发展"是素质教育追求的目标，也准确地体现了素质教育的要求，即以德育为核心，培养学生的创新精神和实践能力。班主任的专业素质越高，学生素质提高的速度就会越快。

五、班主任专业化自主发展的保障

班主任专业化不是仅仅停留在"一个概念"的观念层次，而是一种长期稳定的制度。班主任专业化的主要内容涉及职责、培训、资格、职级以及薪酬方面，政府层面可以为班主任的专业化发展提供更好的保障，如强化班主任的地位与作用，完善班主任的选聘制度，明确职责，发挥班主任的引导作用，加强培养提升班主任专业素养，搭建平台拓展班主任专业成长空间，完善班主任的评价机制等。

示例：关于进一步加强新时代中小学班主任工作的意见

为深入贯彻落实党的十九大精神和习近平总书记系列重要讲话精神，落实立德树人根本任务，进一步提高班主任队伍专业化水平，根据《中共中央 国务院关于全面深化新时代教师队伍建设改革的意见》（中发〔2018〕4号）、教育部《中小学班主任工作规定》（教基一〔2009〕12号）等文件精神，现就进一步加强新时代中小学班主任工作提出如下意见。

一、提高认识，强化班主任的地位与作用

1. 班主任是中小学思想道德教育的主要实施者，班级建设的指导者，中小学生健康成长的引领者，是沟通家长和社区的桥梁，是实施素质教育的重要力量。

2. 班主任工作要以习近平新时代中国特色社会主义思想为指导，全面贯彻党的教育方针，落实立德树人根本任务，培养新时代德智体美劳全面发展的社会主义建设者和接班人。

3. 教师担任班主任期间须将班主任工作作为主业，努力提升班主任工作的专业水平，积极发挥育人作用，成为中小学生的人生导师。教育行政部门和学校须加强班主任队伍建设，为班主任的专业发展提供保障。

二、规范管理，完善班主任的选聘制度

1. 健全班主任任职资格制度。初任班主任应参加由学校或区级以上教研部门组织的不少于36学时的班主任岗前培训，具备一年以上教育教学工作经历，具有中小学心理健康教育教师C证及以上资格证。

2. 规范班主任选聘制度。学校要制定符合实际的班主任选聘办法，规范选聘对象、条件及程序。鼓励思想素质好、业务水平高、奉献精神强、心理健康的优秀教师担任班主任工作，聘期由学校确定。

三、明确职责，发挥班主任的引导作用

1. 关注班级的每一位学生。多维度、多途径了解学生，深入分析学生的思想、学习、身体、心理发展状况以及家庭、生活状况；关注学生的成长经历；关心爱护学生，平等对待每一个学生，尊重学生人格，注重学生的身心健康；引导学生形成正确的价值观、人生观和世界观。

2. 做好班级的建设工作。根据学校发展和班级实际情况，制定班级发展规划。重视班级的日常管理和良好秩序的形成，引导学生营造民主和谐、团结互助、健康向上的集体氛围，并形成富有特色的班级文化。

3. 组织班级活动。指导班委会、团支部、少先队开展多种形式的活动，组织和引导学生参加有利于健康成长的班会、文体娱乐、社会实践、研学旅行、志愿服务等活动。

4. 加强协同育人。主动与任课教师及其他相关的教职员工沟通，经常与学生家长及学生所在社区联系，协助家长成立班级家长委员会，形成家校共育、社区联动的教育合力。引导学生身心健康发展，认真记载学生的成长记录，多尺度、实事求是地评价学生，向学校提出奖惩建议。

四、加强培养，提升班主任专业素养

1. 建立多维立体的培训体系。建立理论培训与实践跟岗相结合、全员培训与分层培训相结合、区域培训与校本培训相结合的分层培养体系，进一步打造新时代班主任专业队伍。

2. 明确班主任的培养职责。广州市教育局负责制订广州市名班主任和骨干班主任培养、广州市名班主任工作室建设的计划，定期开展相应的培训工作。各区教育行政部门负责制订区域内班主任培训计划，承担区域内新入职班主任、区级骨干班主任、区级名班主任的培养及区级名班主任工作室的建设工作，并定期开展相应的培训。各区教育行政部门每年拨出不少于15%的师资培训经费用于班主任的培训。学校负责制订班主任培训计划，定期组织班主任全员培训。采取班主任工作坊、师徒传帮带、班主任助理等多种方式，促进班主任的专业成长。学校每年安排不少于师资培训经费中的30%用于班主任的专业培训。

3. 健全班主任工作研训机制。各级教研部门中指定专人负责班主任研训工作，统筹和组织班主任工作研讨和相关活动的开展。建立班主任工作教研制度，促进班主任工作质量的全面提升。各级教育行政部门和学校应当支持和鼓励班主任开展相关研究工作，为班主任工作研究提供经费和相关保障条件，促进班主任工作相关成果的转化。

五、搭建平台，拓展班主任专业成长空间

1. 丰富班主任工作专业活动。各级教育行政部门牵头定期举办班主任专业能力大赛、班级文化展示、班主任工作坊展示、班主任专业成长论坛、名班主任系列讲座、班主任优秀论文评选等活动，出版班主任工作手册、班主任论文及活动汇编等资料，建立班主任公众平台，加强班主任心理咨询服务，促进班主任的专业成长。

2. 建立班主任合作机制。建立市、区班主任工作专业委员会，成员由长期在一线担任班主任工作、经验丰富的班主任组成，定期开展班主任工作研讨交流活动，促进班主任的横向交流与合作机制的建立。

六、提高待遇，加大对班主任的表彰力度

1. 合理核定班主任基本工作量。班主任工作量按各地教育行政部门核定的教师标准课时工作量的一半计入教师基本工作量，学校不得随意增加班主任的工作量。

2. 切实提高班主任工作待遇。班主任岗位津贴每月不少于×元，并建立等级管理制度。班主任基本工作量纳入学校绩效工资分配体系，绩效工资分配向班主任倾斜。对于班主任承担超课时工作量的，以超课时补贴发放绩效工资。

3. 鼓励教师终身从事班主任工作。对在班主任工作岗位上工作满25年的班主任，由广州市教育局颁发荣誉证书，并由各区或校给予一次性的奖励。各级教育行政部门建立健全相应的班主任表彰制度，大力宣传优秀班主任的先进事迹。

七、健全督导，完善班主任的评价机制

1. 定期对班主任进行评价。学校应建立和健全班主任工作档案，定期对班主任的工作进行评价，评价结果可作为班主任津贴发放的重要参考指标。班主任的工作经历和业绩是教师考核、岗位聘任、职务晋升、评优评先的重要依据。选拔学校德育管理干部应优先考虑长期从事班主任工作的优秀班主任。

2. 健全班主任工作奖惩制度。将优秀班主任的表彰奖励纳入优秀教师、教育工作者的表彰奖励体系。对于不履行班主任职责、玩忽职守或因其他原因不适宜做班主任工作的，学校应免去其班主任职务，同时取消其相关待遇，造成不良影响的，按有关规定给予处理，并与年度考核和职级晋升等挂钩。

3. 建立班主任督导机制。定期对班主任工作状况开展调研，督导各级教育行政部门和学校贯彻落实文件精神，不断完善、加强班主任队伍建设的政策和措施。督导结果作为学校规范化办学的考核指标之一。

第二节　班主任专业化自主发展的策略

一、用思想引领班主任专业成长

新时代赋予了"五育并举"新的内涵。习近平总书记强调，教师工作者"要把理论学习摆在重要位置，用理论武装头脑，坚定初心信仰，走好新时代的'长征路'"。在日常学习中，班主任要坚持读原著、学原文，从经典中感悟真理的力量，力求把握精神实质与核心要义。在工作实践中，班主任要全面贯彻党的教育方针，切实增强教育自信，落实立德树人根本任务，全方位加强对学生的思想政治教育工作，坚持浇花浇心、育人育心，实施德育铸魂、智育固本、体育强身、美育熏陶、劳动教育淬炼五大行动，培养德智体美劳全面发展的社会主义建设者和接班人。

要深入系统学习贯彻习近平总书记对广大教师提出的"四有"好老师、"四个引路人"、"大先生"等期望要求，学习贯彻习近平总书记给全国高校黄大年式教师团队代表重要回信精神，并且与学习习近平总书记"七一"重要讲话精神紧密结合起来，与学习贯彻习近平总书记关于教育的重要论述紧密结合起来，与党史学习教育紧密结合起来，在学习中坚定前进方向，汲取奋进力量，增强"四个意识"，坚定"四个自信"，做到"两个维护"，牢记初心使命，坚定理想信念，努力将"学为人师，行为世范"的好老师要求内化于心、外化于行。

要深入持久地加强业务自主研修，学习各种新的教育思想、德育理念、心育理念、带班智慧，提高自身的理论水平。在研修方式上坚持做到"三结合"：一是理论研修与行动研究相结合——既要提高教育教学理论水平，又要与教育教学实践工作紧密结合，做到学以致用；二是专家引领与个人研修相结合——班主任在学习过程中要主动寻求专家的指导；三是研修提升与示范辐射相结合——班主任既要实现个人专业发展，形成独有的育人方略，又要学会"输出"，发挥示范引领作用，带动其他教师共同成长。

二、用专业标准引领班主任专业成长

（一）学习的促进者

芬兰优秀教师爱德丽安说："我发现我所有的学生都有他们自己擅长的方面，鼓励他们发现自身的潜力就是我的使命。"一名优秀的班主任一定是学生学习的促进者。要善于分析学生的个体差异，促进所有学生全面学习。教学和管理过程中，学生的差异性很大，有天才、上等智力、中等智力、下等智力、轻微的学习障碍、严重的学习障碍、情绪或行为不良等。班主任要根据学生的个性差异实行不同的教学方式和教育方式，从而使每个学生都能发挥自己的潜能，在学习中收获知识，获得快乐。

（二）灵魂的塑造者

著名教育家雅斯贝尔斯在其《什么是教育》中写道："教育的本质意味着一棵树摇动另一棵树，一朵云推动另一朵云，一个灵魂唤醒另一个灵魂。"教师是教育的实施者，肩负着培育灵魂的特殊使命，班主任更应是学生灵魂的塑造者，应始终保持着对美好事物的敏锐，深入生活，积极地发现美、追寻美、创造美，并把美引入课堂、植入学生的心灵。

（三）人生的规划者

1. 制定自主发展规划

自主发展规划体现班主任个人专业发展的动机与需求，也体现班主任对工作的态度与信念。根据班主任个人的自主发展规划，学校可以为其提供多种形式的帮助，搭建各种适合其成长的平台，并予以及时的指导与鼓励，增进班主任自主发展，激励更多的优秀教师加入班主任队伍。

2. 制定班级管理规划

规划是班级管理的起点。一个班主任如果对班级的管理没有一个总体的想法，即在规定的学段期间，班级整体应该朝什么目标运作，日常工作应该如何监督、调控等，那么平时工作起来就没有方向感，工作没有计划性，工作方法没有针对性，更多的只是被动应付。所以，班主任学会制定班级管理规划是促进班主任管理水平自主发展的一个非常有效的措施。

3. 制定学生培养规划

学生培养规划的制定与实施水平，可以显现出班主任的理论修养和实践操作能力，也是衡量班主任自主发展的一个重要指标。学生培养规划包括群体培养规划和个体培养规划。群体培养规划针对整体特点，个体培养规划则侧重于关注个体差异，这就需要班主任充分了解学生，了解学生的身体状态、家庭背景、学习背景、学习能力、学习状态等，有针对性地制定培养目标。

4. 制定时间管理规划

"双减"让师生在校的时间延长，对班主任而言，更是一次重大挑战，考验着班主任的时间管理能力。若以往班主任经常不计较时间的投入来进行家校沟通、师生沟通，现在看来是行不通的。应将沟通效率作为首要考虑因素，根据具体情况斟酌在先，拿出预案，每次沟通有意识地给自己限定时间。有时掐中要害的关键一言，胜过不咸不淡的千言万语。

三、用机制激励班主任专业成长

任何评价都包括鉴定、导向、激励等功能，而班级工作评价更要注重其激励功能，这是保护班主任工作积极性的重要手段。

（一）着眼动态评价，增进班主任自主发展的效能

建立以班级目标管理、学生行为动态考核为中心的班主任考评制度，将学生日常评比、班级竞赛、班级工作规划、总结、论文、个案等多项内容纳入考核范围。评价不在于结果，关键在于通过评价过程让班主任知道自己的长处与不足，从而在今后的工作中发挥长处，弥补不足。

（二）突出主体评价，激发班主任自主发展的动力

现实中，对班主任的评价往往都是自上而下的，由学校行政完成，缺少了班主任这个评价主体。班主任缺乏主动的参与权和评价权。这种评价机制影响了班主任专业化发展的热情。不少班主任都表示：自己愿意参与到班主任评价的整个过程中，包括标准的制定、过程的实施、结果评定等，参与到其中是对自己的一种肯定与尊重。只有每个班主任都是评价的主体与客体，评价中有自己的发言权，班主任在专业化发展上才会更有热情，更会思考，不断完善。

当然，班主任专业化水平的提高不是一蹴而就的，而是一个不断发展、持

续提高的过程。班主任专业化发展要依靠教育行政部门和学校搭建平台，但最关键的还是班主任自身的努力，要求班主任具有强大而恒久的内在发展动力，追求高尚的职业道德、完整的知识结构、良好的个性品质，在实践工作中不断反思、不断内省，悟出自己的思想，悟出自己的亮点，从而走上班主任专业化自主发展之路。①

案例：传承先锋精神　培育时代少年
——"袁隆平班"育人方略

（本案例荣获2021年广东省中小学班主任基本功展示交流活动"育人方略"一等奖，并代表广东省参加2021年全国中小学班主任基本功展示交流活动。班主任：广州市海珠区逸景第一小学　熊风）

导语

小时候，父母起名时，便希冀我长大可以展雄风，做先锋。走上班主任工作岗位后，我始终秉承"人人争进步，人人做先锋"的育人理念，"先锋班"便成为我特有的班级符号。

作为南粤儿女的我们要赓续广东"敢做敢拼"的改革先锋精神，传承老一辈的奋斗和吃苦精神。先锋精神紧紧伴随着我和孩子们，已经深植于心。

就在2021年5月，袁隆平逝世的消息瞬时传遍中国，哀悼之声回荡在他为之播撒种子的国土上。一代人有一代人的使命，一代人有一代人的担当。

如何引导青少年缅怀时代先锋，传承好"敢为人先、敢于追梦"的时代楷模精神，接好袁隆平爷爷的班，作为手握历史接力棒的我和孩子们要脚踏实地耕耘追梦，团结协作唯实攀登，争做堪当民族复兴大任的社会主义建设者和接班人，一展"袁隆平班"时代楷模之雄风！

在教师、学生、家长三位一体的共同努力下，全方位、多角度营造学生健康成长的氛围和平台，传承时代楷模的信念，创新成长途径，形成一个独具特色的卓越班集体！

---

① 陈佑光.班主任专业化自主发展探析［J］.基础教育研究，2014（10）：56-57.

一、班级基本情况

2016年，怀着对学校、新同学、新老师的新奇与对未来的憧憬，一年级的孩子们正式成为一名小学生。一至四年级，在我们这个友爱的班级里，小朋友们自由发展，释放天性，在老师、家长们的呵护与关怀下茁壮成长。

接班前，我就了解到，（7）班的孩子好奇心强，对于学习、生活具有一定的探索精神，他们喜欢富有创造性的活动，尤其擅长动手实践，也愿意与同伴合作。

步入高年级，迎接青春期"破土而出"的挑战和对未来美好的期许。学生渴望得到老师的赞赏和同学的肯定，强烈希望得到来自父母的尊重和认同，对人际交往的需求明显增大，开始自发开展团体活动。但与此同时，学业和生活上的困难加大，部分学生出现自主性不够强，以自我为中心、讲求物质享受、生活自理能力欠佳等情况，加之学生刚刚步入青春期，身心发生变化，学生之间人际交往也出现矛盾，班级凝聚力不够。

树立一个真正的、可见的、可模仿性强的真实榜样和精神熏陶是解决问题的突破口。我正式接班后，依托学校"从小学先锋，长大做先锋"的主题活动，结合班级情况，经过民主协商，我们选取了袁隆平爷爷为我们的"先锋班"命名，一颗颗"小种子"能否在先锋精神的引领下继续茁壮健康地成长呢？先锋榜样、时代楷模袁隆平爷爷告诉我们：要做一粒好种子。种子健康了，才能根深叶茂、枝粗果硕。正是在先锋精神的感召下，"种子们"向阳生长，载歌载行，逐步实现"人人争进步，人人做先锋"目标。

结合"创建文明城市，构建文明校园""争做文明逸景人""倡议一日三餐，光盘行动，珍惜粮食，从我做起"的文明风尚。同时，基于"双减"政策下，对提升学生综合素养的全面要求，我把劳动教育、跨学科活动等融入学生学业生活中，坚持五育并举，深入开展班级文化建设。

二、育人理念

坚持立德树人，以榜样力量激励学生，引导他们成长为新时代先锋、堪当民族复兴重任。我和孩子们共同选择了袁隆平精神作为引导教育"先锋班"的"种子们"在"拔节孕穗期"扣好"第一粒扣子"的指导精神。

遵循儿童知情意行统一发展规律，结合马卡连柯平行教育理论，我们共同商定"共同参与、相机而教、潜移默化、严慈相济、尊重差异、平等交流、相互促进"的班级行为准则，秉承我校"让师生拥有美好前景"的育人理念，以"平凡岗位上播种希望，平淡生活中展示精彩"作为带班理念，开展班级建设和家校共育工作，以培养堪当民族复兴大任的社会主义建设者和接班人为己任。

三、班级发展目标

（一）总目标

进入五、六年级，基于对先锋精神和先锋活动的实践，学生们需要更确切具体的榜样模范进行学习，围绕袁隆平精神深入实践先锋精神，提升自我成长、自主锻炼、自由拓展的能力。在熟知袁隆平先锋事迹的基础上，深入学习并感悟袁隆平精神——唯实、团结协作、勇攀高峰的科学精神，脚踏实地的追梦精神，打造团结奋进的班级共同体，培养德智体美劳五育并举、全面发展的小先锋。脚踏实地耕耘追梦，团结协作唯实攀登，争做新时代的好少年，一展"袁隆平班"之英姿！

在此基础上，班级主题活动按照"感悟践行先锋袁老精神""学习传承优秀传统文化""研学继承爱国红色文化"三个板块开展，遵循"种子"的生长规律把高年级自然生成四个前后相接的阶段目标。以期在各项特色活动开展中促健康成长，在传承文化中提少年品质。

（二）阶段目标

第一阶段：播种·学精神

"袁隆平班"的每一个孩子都是一颗即将破土成长的种子，只有踏踏实实播种施肥，深深向下牢牢扎根，才能绽放出美丽的花朵、结出丰硕的果实。在这一阶段，孩子们学习袁隆平精神的内涵。从一至四年级的孕育奠基到五年级等待破土而出，以袁隆平精神内涵指导育人践行，培养学生脚踏实地务实学习，勤勤恳恳耕耘追梦，培养团队协作的能力和意识，营造互帮互助的班级氛围。

第二阶段：萌芽·练本领

在袁隆平精神的指导下，将精神化为实践，在平时的班级管理中，通过全员竞岗·争当班级小主人、全力协作·勇当班级小先锋、全心评价·力当追梦金色章的民主活动，培养学生班级自主管理、民主管理的能力，提升学生准确认识自我的意识。

第三阶段：开花·展风采

春华秋实，一颗颗小小的种子扎根地下，深植于学袁隆平精神的土壤中，全面开花。此时，通过积极参与校内外活动、家校社协作活动以及多项比赛，在用个人风采、集体风采展示袁隆平精神中向阳而生，展青春华彩；无畏风雨，显攀登精神之志。

第四阶段：结果·乐奉献

小学生活在六年后画上圆满的句点，不仅要让学生实现自我价值的提升，更要发挥热量，积极参与班级互帮互助活动、家校五育并举活动、校内外志愿者服务活动等，以行动回馈社会，感恩身边人，孝亲敬老，奉献社会。

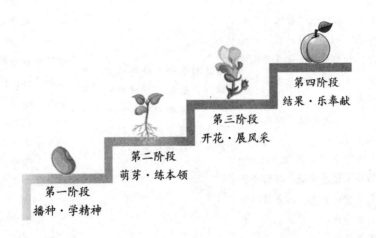

第一阶段：播种·学精神			
活动项目	活动内容	活动目的	活动效果
主题班会	学袁隆平精神，做新时代少年	学习并熟知袁隆平精神，丰富落实先锋概念，拓展先锋精神内涵	袁隆平精神让学生对"先锋精神"有了更确切、更可模仿的抓手，在此基础上，学生自主设计班级文化和后续班级活动，体现学生自主管理班级的意识

让班级管理走向"自管自育"：

"双减"下现代班级管理的理论与实践研究

续　表

第一阶段：播种·学精神			
活动项目	活动内容	活动目的	活动效果
主题班会	认识青春期，认识我自己	五、六年级学生步入青春期，引导学生从生理上、心理上科学认识自己和身边同龄人的变化，树立互相尊重、互相帮助的团结协作意识	学生谈到青春期能够坦然面对，不紧张、不避讳，在有困难的时候能够协作互助，提升了小组、班级凝聚力
班级建设	1.结合袁隆平精神做好"先锋班"到"袁隆平班"的过渡，调整班级文化及团队建设，民主修订相关班级管理规定和制度。 2.学习传统文化，继承非遗工艺。 3.围绕中国共产党成立100周年等纪念活动，持续开展爱党爱国教育，结合前四年的先锋故事，学习、熟知袁隆平精神	通过对袁隆平精神的学习和熟知，能够将精神内涵深植于心，并外化于行，为处于青春迷茫期的学生提供行进指导，思想积极向上，传承优秀传统文化，提升爱党爱国意识	学生并不局限在学先锋、做先锋的基本追求中，能够自主探索适合自己的发展路径和目标，提升动手能力、学习能力和全面发展能力，充分调动并发挥了主人翁意识。提高对传统文化的热爱与认可，提升文化自信、制度自信，传承了优秀传统文化，提升了爱党爱国意识
家校合作	修订完善家委会制度，筹备家校沟通茶话会	完善家委会的工作管理和发挥更优作用，为学生新学年段的成长保驾护航	学生感受到家长的关怀和帮助，但也有空间自我成长

四、班级建设模式

　　五、六年级孩子身心正处于发展初期，班级建设模式不仅要有利于教育教学活动的实施，还应该有利于学生健康发展。设置主题为"学精神，牢生根，稳成长"的班级建设模式，围绕"精神引领　立根固本""民主共建　砥砺深耕""特色活动　向阳而生""家校协同　深度共育""致知力行　赋能成长"五个部分开展班级建设。

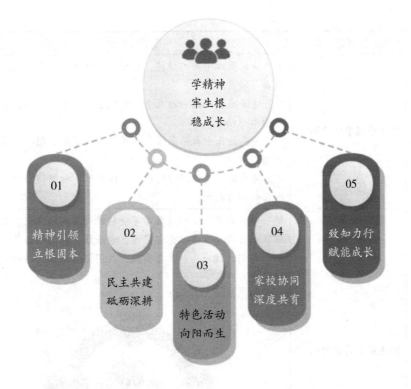

五、具体做法及成效

（一）精神引领　立根固本

遵循学生知情意行统一发展的规律，紧握时代脉搏，以班级文化建设为抓手，内化袁隆平精神内涵，确定班级育人理念内核。

1. 内塑文化·润心田

班级精神文化引领经历三个步骤。

精神文化引领三部曲		具体内容介绍
学	了解袁隆平相关事迹	1.组织班级学生和家长通过项目式学习、主题班会和读书交流等形式，共同学习袁隆平相关事迹。 2.以小组合作项目式学习、主题班会汇报形式，了解袁隆平事迹；阅读《少年读经典·袁隆平》《征战超级稻》等书籍，感受袁隆平精神

续 表

精神文化引领三部曲		具体内容介绍
思	深入感悟袁隆平精神	1.坚持在困难中矢志拼搏，体现了一种锲而不舍、埋头苦干的奋斗精神。 2.坚持国家和人民利益至上，体现了一种淡泊名利、甘于牺牲的奉献精神。 3.坚持在挑战中勇攀高峰，体现了一种追求真理、敢为人先的创新精神。 4.坚持在大局下组织协同攻关，体现了一种精诚合作、甘为人梯的协作精神
明	提炼班级精神内核	结合学生存在一定的重物质享受轻精神熏陶的情况，表现为班级成员劳动及奉献意识淡薄，动手能力和集体协作意识不强，我们通过班委、家委会议，共同提炼出班级精神文化内核的四大内容

明 提炼班级精神内核

（图：袁隆平精神——执着追梦、脚踏实地、乐于奉献、敢为人先）

2.外舒气象·营氛围

（1）"稻梦空间"——建温馨班级

"袁隆平班"契合人物事迹及特点，选取了"种子""稻谷"元素作为班级布置元素，从班徽、班训、班级理念到班级争章卡一脉相承，金穗田间，寓意种子长成的丰收意向。

（2）"耘心问稻"——创文化窗口

微信公众号"耘心问稻"，寓意学生要像袁隆平爷爷一样在自己的一方天地默默耕耘。公众号作为班级文化宣传的窗口，推文从征稿、编辑、排版等整个过程，都充分体现队员的协作、创新能力，凝聚班级智慧，彰显班级特色。自建班之初，已在平台发布了涉及学习、生活、班级活动、育人理念、家校合作等不同方面共计78篇班级原创作品推文，为学生、家长开辟了良好的线上交流平台。

（二）民主共建　砥砺深耕

将袁隆平脚踏实地、乐于奉献的精神寓于科学班级管理中，以创新学生评价机制的方式，促进学生全员全程参与班级共建。

1.全员竞岗，争当班级小主人

班级是学生成长的乐园，也是学生共同的"家"。为培养"眼里有光，心中有人"的优秀少年，打造温馨和谐、合作共生的班集体，班级采取"岗位竞聘制""岗位培训制"和"流动管理制"，设置学习、纪律、卫生和品德四大核心部门，细致规划了十八个小部门，以"种子基金"的形式，每月一结算，鼓励班级成员充分发挥小主人的工作热情，提升工作实效。同时，期末还会评选"种子班干"，发挥优秀班干部的辐射力，让班干部人人争做班级小主人。

2.全力协作，勇当班级小先锋

建立班级评比制度，组建八个"向阳小分队"，以学习袁隆平精神的主题系列活动，为弘扬袁隆平精神和争做班级主人贡献力量。八个小分队以不同形式开展丰富多彩的活动，并积极参与学校、区市级比赛，开展追梦争章活动。

3.全新评价，力争追梦金色章

班级管理要注重评价，教师评价能够为班级管理提供重要参考，并不断调整管理模式，使之趋于合理化、规范化。

因此，班级每周会从品德、学习、纪律、卫生四个维度对八个分队的学习与生活情况进行评分。每周有两个晋级名额，总共有"金种子、金叶子、金色花、金果子"四个等级，分队表现优良，则有晋级资格，若表现不够理想，将会提出优化意见。在激励制度的带动下，队员积极追梦，形成"人人争进步，人人做先锋"的发展态势。通过活动的设计、评价和总结，让学生结合八个小分队的活动开展情况，把追梦足迹存入"种子基金库"，努力建设成学校特色班级，获取追梦章。

（三）特色活动　向阳而生

以袁隆平精神四个方面为特色活动设计开展的宗旨，体现五育并举，促进学生德智体美劳全面发展，向阳而生。

活动系列	袁隆平精神	活动形式	活动内容
奋斗系列（学生成长）	坚持在困难中矢志拼搏，体现了一种锲而不舍、埋头苦干的奋斗精神	1.队会 2.主题班会	1.追梦争章活动 2.我为中学做准备
奉献系列（红色文化）	坚持国家和人民利益至上，体现了一种淡泊名利、甘于牺牲的奉献精神	1.主题队会 2.主题班会 3.志愿者活动 4.社会实践活动	1.班级服务岗 2.今天我就是"他" 3.小小图书管理员 4.红色文化基地小小讲解员
创新系列（粤文化）	坚持在挑战中勇攀高峰，体现了一种追求真理、敢为人先的创新精神	1.讲座 2.社会实践 3.项目式学习	1.名师大家进班级 2.爱心果树园 3.科创实验站 4.春秋问稻 5.我与"非遗"的对话
协作系列	坚持在大局下组织协同攻关，体现了一种精诚合作、甘为人梯的协作精神	1.心育班会 2.心育讲座 3.小初衔接	1.青春期前期教育——《认识真实的我》《面对真实的我》 2.《我的情绪我做主》《我愿意与你做朋友》

（四）家校协同　深度共育

以"基于学生成长"为前提，以"家校深度融合"为切入点，以"教育生态"为概念框架，构建学生成长、家校深度融合的班级教育生态体系。

1. 全员普及访查，建立互信根基

（1）全员普访。通过持续的家访、电访和心得分享，更好地了解孩子们的另一面，掌握家长和家庭情况。加深相互理解，为教育工作的开展打下良好的根基。

（2）密切联络，积极沟通。运用企微、微信、QQ等线上交流工具，使交流多样化。充分利用班级公众号，每月在班级微信公众号发布《致家长的一封信》，持续与家长密切交流，让家校成为培育孩子进步的坚实的左膀右臂。以2020—2021年度的部分书信为例。

日期	书信名称	家校沟通目标
2020年9月5日	《张弛有度书香为伴》	开学准备与本学期工作部署
2020年10月1日	《佳节同好信笺传情》	传统文化教育，结合抗疫背景进行队员教育
2020年10月11日	《家校聚力护航成长》	总结学科学习情况，传授家校共育方法

2. 打造优质家长学校，建立学习共同体

（1）创设合作平台，加强对家长的教育。帮助家长认识自己的角色、使命，提高养育能力和技能，营造欢迎家长参与的氛围，通过创设平台提供各种形式的参与机会和交流。

（2）组织家长工作坊，构建学习共同体。让持有家长讲师培训资质的老师和家长承担起导师职责，向工作坊的家长学员传授正面教育理念、沟通技巧等知识和技能。组织班级家委开设多期家长论坛。

（3）发挥家委会作用，建立管理制度。建立了班级家长义工服务制度、家长课程管理制度，统领和协调全班家长自主开展班级家长学校系列工作，先后制定并出台了《"袁隆平班"家委会管理制度》。

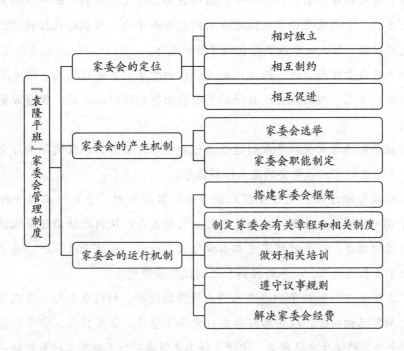

根据《"袁隆平班"家委会管理制度》，每学年召开家长委员会成立大会，通过自荐和推荐的方式，组建家委会的各个职能部门。

3.搭建共育平台，促进多方互动

（1）建立班级"金种子小社团"。开设与劳动教育相关的讲座及学习活动，并邀请家长到校共同参与学和教，培养家长的劳动教育意识，从而促进家校合作工作的顺利开展。

（2）创设劳动实践基地。从家长中寻找专业人员，家长进校园进行技术指导。借助主题活动邀请家长担任辅导员进校园，共同参与劳动教育的指导活动，形成家校协作的良性局面。让同学们既加强了劳动观念的教育和技能培训，又培养了热爱劳动、吃苦耐劳的品质，深受学生和家长的喜爱。

（3）拓宽多维互动空间。一是组织孩子给家长写信。主题包括感恩、互诉思念、汇报学习情况等，然后拍照发到群里，进行分享交流。二是组织学生和家长在班会上进行现场线上互动。三是组织家长上传工作、生活场景，使孩子了解到父母的艰辛，激发孩子的学习热情。

（五）致知力行　赋能成长

在袁隆平精神的引领和感召下，通过教师、学生、家长三位一体的共同努力，全方位、多角度营造学生健康成长的氛围和平台，传承时代楷模的信念，创新成长途径，形成一个独具特色的卓越班集体。

学生自我管理能力强，形成了极具特色的学生自主管理模式，培养了学生自我约束、自主管理的能力。孩子的思维能力得到很好的发展，学习效能大幅度提高。

用孩子们的话来说：寻找到适合自己的学习方法后，不仅觉得学习变得容易了，负担变轻了，最重要的是成绩提高了。

在班级管理方面，充分发挥班级干部的凝聚作用，全班以班级干部为核心，拧成一股绳，民主商讨，全员参与。无论是各种校内外活动还是班级的特色小社团的创建，从策划到实施都由学生自己组织。在这个过程中，孩子们真正体验了成长的快乐，也不断提高自己的组织管理能力。

"袁隆平班"的孩子们在个人能力提升的同时，积极参与社会实践活动，让理论和实际相结合，以实际行动践行袁隆平精神。课余时间，常常能够看到"袁隆平班"的学生在社区里、街道上等志愿服务岗位上默默贡献自己的一份力量，将大爱传播。积极参与到社会实践活动中。对于"袁隆平班"的学生们来说，不仅是身体的历练，也是精神的洗礼，是社会责任感的体现，他们是真正的强国一代。

在学习中成长，在实践中磨炼。"袁隆平班"的孩子们还在各类比赛中锤炼信心，在学校、区、市、省及国家获奖项众多。

结语

春华秋实，耕耘不辍！班级班风正，学风浓，保持一股向上、向善、向美的活力！"袁隆平班"的学生踏实肯学、乐于交往、团结协作、勇于创新，成为德智体美劳全面发展的新时代好少年。

第三节　班主任专业化自主发展的机制

一、确立观念更新机制

21世纪的教育必然是充满人性的教育，必然是追求民主、平等、适性的教育。新时代的班主任专业化发展必然要顺应时代要求，要做出必然改变。

首先，教育行政部门应该更新班主任专业化观念。教育行政部门提出的思想观念是学校发展、教师发展的指导思想。教育行政部门应该设计出清晰的班主任专业化发展思路，对班主任专业化提出明确的要求，并且积极地给予引导。

其次，学校应该更新班主任专业化观念。学校可以为班主任专业化发展提供外在条件的支持，如举办专家讲座、组织参观学习等，让班主任对班主任专业化的内涵有更深入的了解。与此同时，作为学校的校长，也要对班主任专业化的发展过程、发展思路进行理性的安排与思考。

最后，班主任应该更新自己的专业化观念。班主任进行理念更新、思想转变是时代提出的新要求，班主任思想观念的转变可以通过学校提供的各种各样的培训活动，也可以通过和其他教师进行学习交流探讨等来实现，以此来加深自己对班主任专业化内涵的理解。更重要的是班主任要主动学习、主动思考，主动加深对专业化发展的认知并自觉践行。

二、创新培训培养机制

想要加快班主任提升专业化水平的速度，必须为班主任的专业化培养提供外部和内部的培训，建立起可以满足班主任外部需求和内部需求的培养机制。

首先，要建立班主任培训机制。如可以将培训过程分成三个层次：第一个层次是岗前培训。《中小学班主任工作规定》规定："教师初次担任班主任应接受岗前培训，符合选聘条件后学校方可聘用。""凡事预则立"，参加岗前培训的新班主任一定会少走弯路，走得更稳、更远。第二个层次是岗后培训，这一阶段主要是引导班主任加强对工作的研究与思考，提高管理水平。第三个层次是骨干班主任（名班主任）培训，这个阶段对班主任提出更高、更严的要求，引导班主任在提高工作能力的同时，要提高教育与管理的艺术，并发挥辐射、示范与引领作用。

其次，要建立研究型班主任的专业发展机制。苏霍姆林斯基说："如果你想让教师的劳动能够给教师带来乐趣，使天天上课不至于变成一种单调乏味的义务，那你就应引导每一位教师走上从事研究这条幸福的道路上来。"参与教育科学研究，特别是参与教育改革方面的教育科学研究工作，是提高班主任素质的一个重要途径和方法。在倡导终身学习的今天，班主任更应强调自主学习，要树立崇高的教育理想和信念，具有高度的责任心和使命感，唤醒自主学习和成长意愿，克服等待和依赖的惰性的想法与习性，在日常教育教学的同时，依据自身专业发展的个性需求，自主选择、自主学习、自主研修，促进专业的自我发展和成长，持续提高自身的教科研水平。

最后，要搭建班主任岗位练兵的平台。从2006年开始，笔者所在地区每两年举办一届声势浩大的班主任专业能力竞赛，至今已是第八届，无数班主任在大赛中得到了历练和提升。此类竞赛助推了班主任的专业成长，成为中小学班主任交流学习的平台和技能比拼的舞台。我们研制的中小学班主任专业能力大赛评分细则已然成为班主任自主化专业成长的标准之一。

示例：中小学班主任专业能力大赛评分细则

项目	时间	内容	要求	权重	备注
成长故事叙述	7分钟	根据主题，叙述自己在班主任工作经历中的相关成长故事	紧扣主题，理念先进，思想深刻，内容真实，语言流畅，表达清晰	25%	1.选手提前15分钟抽取故事要求。2.故事叙述5分钟，回答评委提问时间2分钟（含评委提问时间）。3.故事须有题目，脱稿叙述，叙述过程不得有配乐、伴舞等辅助形式

续 表

项目	时间	内容	要求	权重	备注
主题班会（班集体活动）设计	7分钟	根据背景材料设计一节主题班会或班集体活动	主题体现时代性和教育性；内容具有针对性和实效性；形式以活动为基本载体，具有新颖性、创新性和完整性特点；过程突出学生的主体性和师生的互动性	25%	1.选手提前10分钟抽取背景材料。2.展示5分钟，回答评委提问时间2分钟（含评委提问时间）
情境答辩	6分钟	对情境案例进行分析，提出解决问题的思路、对策和依据	分析科学，判断准确，有效运用教育学、心理学等学科原理；思路清晰，对策得当，可操作性强	25%	1.选手提前10分钟抽取案例。2.答辩时间4分钟，回答评委提问时间2分钟（含评委提问时间）
书面测试	90分钟	考查班主任工作应知应会的政策、法规和行为规范	了解与熟悉班主任工作相关的政策、法规和行为规范	9%	1.在选手报到后集中进行。2.班主任工作应知应会的政策、法规和行为规范的参考文献：党的十九大报告；中共中央办公厅《关于培育和践行社会主义核心价值观的意见》；中共中央办公厅、国务院办公厅《关于实施中华优秀传统文化传承发展工程的意见》；教育部《中小学德育工作指南》；爱国主义教育纲要和习近平总书记关于思政课的讲话精神；教育部《中小学班主任工作规定》；教育部、人力资源社会保障部《关于加强中等职业学校班主任工作的意见》；教育部《中等职业学校德育大纲（2014年修订）》等
		根据背景材料制定一份班级特色发展规划	体现时代性、教育性、发展性、特色性和操作性；结构完整，逻辑严密，层次清晰，表达流畅	10%	
		根据背景材料撰写一份心理健康教育个案辅导方案		6%	

174

三、构建科学评价机制

建立班主任专业化发展评价机制主要是为了科学合理地对班主任专业发展做出评价，让班主任对自己有更加清晰的认知，以此来调整专业化发展速度与发展方向。

第一，班主任考核应该综合运用定量原则和定性原则。班主任工作的评价需要遵照以人为本的基本要求。一方面，如果班主任的发展有了明显的进步，那么可以从客观的角度对其发展进行定性分析；另一方面，在进行班主任工作评价时，应该设置多元化的评价标准，使用多元化的方式，对目标的完成程度进行检验。

第二，结合运用过程性评价和终结性评价。对班主任进行评价时，可以以某一时间段为单位，如每个月都进行过程性考核，这样可以提高考核的时效性，而且相比于学期考核、学年考核，这种考核更及时，班主任可以更加清楚在工作过程中的不足并及时改进。[①]

笔者自2013年参与了中小学名班主任工作室建设，参与研制了《中小学名班主任工作室（工作坊）考核指标表》，经历了9年多的发展，名班主任工作室形成了"政策支持、专业引领、多级共建"的建设经验。目前，笔者在所在区域的市、区名班主任工作室的推动下，已实现了市、区名班主任工作室和校级工作坊的"网络"式专业发展全覆盖，培育出一批批有情怀、有专业、有仁爱之心的主持人和优秀班主任队伍。中小学名班主任工作室已成为教育发展的一张亮丽名片，引领一批优秀班主任在规范管理班级的基础上，向个性化、艺术化、高效化发展。

示例：中小学名班主任工作室（工作坊）考核指标表

一级指标	二级指标	分值	评分说明
一、基本建设（35分）	1.人员组建	5分	工作室人员结构科学、合理（1分），主持人、学员、成员等落实到位（2分），职责明确（2分）

---

① 孙霞芳.班主任专业化发展机制、路径浅探［J］.基础教育参考，2012（4）：23-24.

一级指标	二级指标	分值	评分说明
一、基本建设（35分）	2.硬件建设	10分	具有独立办公室（5分），具备基本办公条件（2分），配置专业书籍资料（1分），配备信息化设备（1分），开设工作室微信公众号等（1分）
	3.制度建设	5分	定位合理（1分），目标清晰（1分），管理制度完善（3分）
	4.日常档案管理	10分	有工作室工作规划（2分）、年度工作计划（2分）、总结（2分）、成员和学员个人总结（2分）等，材料措施明确（1分）、落实到位（1分）
	5.条件保障	5分	地方教育行政部门、学校配套资金使用合理
二、建设成果（61分）	1.主持人工作态度	5分	主持人率先垂范，通过言传身教带动成员提升道德修养和学识水平；乐于奉献，有工作热情和责任感
	2.承担培训和指导任务	20分	承担或参与本地区教育部门组织的班主任教研、培训和指导工作（每次5分，满分20分）
	3.对工作室成员的培养	5分	指导成员制订班主任专业发展规划及计划（1分），通过各类研讨、培训活动指导学员成长（2分），学员能力提升明显（2分）
	4.重视理论与实践研究	5分	有立项课题（2分），课题研究有序开展（1分）；有研究成果，如成果汇编、论文发表、专著出版等（2分）
	5.发挥示范、辐射作用	5分	通过示范性班会课、专题讲座、经验交流、考察支教、工作论坛等活动，促进地区班主任工作发展（根据活动层次、数量、受众面、效果等因素得分）
	6.积极参与"海珠德育"微信公众号的宣传活动	16分	在"海珠德育"微信公众号上每发布一篇文章得2分，满分16分
	7.承担或参与区级大赛工作	5分	积极支持和承担区工作，如参与市、区班主任专业能力大赛，班级文化示范班建设，发挥引领、辐射、带动作用

续 表

一级指标	二级指标	分值	评分说明
三、特色创建（4分）	1.工作室特色发展	3分	结合本地区本学校实际，积极打造工作室特色，凝练品牌，特色品牌得到科学概括
	2.工作室人员特色发展	1分	主持人、学员、成员积极提炼有个人特色、育人成效明显的班主任工作成果，成果得到科学概括
合计	—	100分	—

备注：期满考核指标基本不变，但权重将变。

示例：中小学名班主任工作室建设与管理办法（试行）

第一条　建设名班主任工作室的目的及功能

为促进我市中小学班主任工作提升质量和水平，促进全市中小学班主任提高整体素质，市教育局计划于"十二五"期间在全市建立一批中小学名班主任工作室，发挥市、区级名班主任的示范带动作用，进一步打造广州市中小学名班主任品牌和特色。

名班主任工作室集班主任工作研究与培训于一体。名班主任工作室由广州市教育局批准和授牌，实行市、区（县级市）或学校两级共建，按照属地管理、服务地方（学校）的原则，由当地教育行政部门和所在学校进行管理。名班主任工作室建设周期为两年。

第二条　名班主任工作室的申报条件

1.名班主任要具备的条件。

名班主任是具有强烈爱生情感的师德模范、具有先进教育理念和工作智慧的育人能手，是善于学习和运用现代教育科学理论、研究育人工作的学习型、研究型教师，同时具有较强的班主任工作专业引领，培训指导和组织、协调、沟通能力，并具备以下条件之一：

（1）市教育局、区级以上教育局认定的名班主任。

（2）曾获得全国、省、市教育行政部门授予优秀班主任称号的班主任。

（3）班主任工作业绩显著，是当地公认的班主任工作带头人，有较高的知名度和影响力，且具有较丰富的指导班主任成长的经历和经验。

2. 具有履行名班主任工作室主要职责的必要条件。

第三条　名班主任工作室的分布、申报和审批程序

1. 名班主任工作室在全市范围内评审确定，参照各地教育发展和名班主任队伍建设情况安排申报名额。

2. 申报和审批程序：由具备条件的学校组织班主任自愿申报，并按要求填写相关材料，经所在学校和区（县级市）级教育行政部门推荐，市教育局组织专家对各地推荐的名班主任及名班主任工作室进行评审、公示，最后确定名班主任工作室并授予证书和牌匾。

第四条　名班主任工作室的人员组成

名班主任工作室由三部分人组成，一是挂牌名班主任，需要主持工作室的全面工作，是工作室的主持人和责任人；二是工作室的成员，由同地区的名班主任组成，成员不少于5人（其中1人应与挂牌名班主任同校，兼任名班主任助理，其他成员必须从外校遴选），协助挂牌名班主任开展工作；三是学员，由当地或学校重点培养的骨干班主任组成，每期5至10人（挂牌名班主任所在学校不得超过2人）。成员和学员由教育行政部门、挂牌名班主任所在学校和挂牌名班主任共同确定。

第五条　名班主任工作室的主要职责

1. 加强师德建设。挂牌名班主任要在师德方面率先垂范，通过言传身教带动成员提升道德修养和学识水平，增强担任班主任的职业认同感和荣誉感。

2. 承担市级骨干班主任的培训和指导工作，并按当地教育行政部门的要求参与本地区班主任培训工作和校本培训工作，成为骨干班主任成长的摇篮。

3. 负责指导学员制订班主任专业成长计划，通过班主任工作研讨、班会课备课与观摩研讨、教育案例研讨、课题研究及巡回讲座等形式，引导学员的专业提升。

4. 开展班主任工作课题研究。在一定的周期内，完成骨干班主任市级培训委托的课题研究，有较高质量的研究报告、专业论文或专业著作。同时根据当地中小学教育实际开展班主任工作专题研究，为当地基础教育提供科研服务。

5. 发挥名班主任的示范和辐射作用，通过示范性班会课、专题讲座、经验交流、班主任工作论坛等形式，促进当地班主任队伍的专业成长。

第六条　名班主任工作室的指导与管理

1. 名班主任工作室由市、区（县级市）级教育行政部门负责管理，市教育局委托市中小学德育研究与指导中心负责业务指导。市、区（县级市）教育行政部门可委托所辖教师培训机构负责培训业务的过程管理。

2. 名班主任工作室所在学校协助上级教育主管部门对工作室进行日常管理，学校应指派一名副校长分管名班主任工作室。

3. 市教育局定期组织挂牌名班主任进行业务培训，进一步提高挂牌名班主任的业务水平，组织专家为名班主任工作室进行业务指导，并进行业务检查、评估。

第七条　名班主任工作室的保障措施

1. 工作条件保障。名班主任工作室要有独立的办公室，配备信息化设备和系统等办公条件，配置一定的专业书籍资料。

2. 制度保障。名班主任工作室的岗位职责纳入班主任工作管理。为保证挂牌名班主任履行好职责，其工作量按当地教师标准课时工作量的一半计入教师基本工作量，并适当减少他们一般性的日常工作。

3. 经费保障。名班主任工作室由市、区（县级市）或学校两级共建，市教育局按照每个名班主任工作室每周期不低于2万元的标准提供经费资助，地方教育行政部门或学校须按照不低于1：1的比例配套资金提供资助，经费主要用于名班主任工作室的教育研究、学术研讨与交流、图书资料购置、办公设备购置、网站建设、外出指导和考察参观。

第八条　名班主任工作室的考核与评价

1. 考核形式。每期市级培训后工作室进行一次总结。每周期结束后对工作室进行考评。考核的方式主要有查看原始资料、听取工作室的汇报、听取学员和学生的评价、听取学校的评价、深入班级听班会课等现场观摩的方式。

2. 考核内容。主要包括名班主任工作室的自身建设、名班主任工作室在培训和指导班主任成长方面的主要业绩、名班主任工作室在班主任工作科研课题研究中所发挥的作用等。

3. 考核结果。每周期考核的结果分为优秀、合格和不合格三个等级。考核为"不合格"者将撤销工作室建制；考核为"合格"及以上者将自动进入下一周期的工作室建设；考核达到"优秀"者将给予表彰和奖励。

第九条　本办法由教育行政部门负责解释